Iñigo De Mir Morera

Análise da rentabilidade de uma estância de esqui e de um parque eólico em Espanha

Iñigo De Mir Morera

Análise da rentabilidade de uma estância de esqui e de um parque eólico em Espanha

ScienciaScripts

Imprint

Cover image: www.ingimage.com

This book is a translation from the original published under ISBN 978-620-2-06885-7.

Publisher:
Sciencia Scripts
is a trademark of
Dodo Books Indian Ocean Ltd. and OmniScriptum S.R.L publishing group

120 High Road, East Finchley, London, N2 9ED, United Kingdom
Str. Armeneasca 28/1, office 1, Chisinau MD-2012, Republic of Moldova, Europe
Managing Directors: Ieva Konstantinova, Victoria Ursu
info@omniscriptum.com

Printed at: see last page
ISBN: 978-620-8-23481-2

Índice

Resumo - O aumento do custo das fontes de energia tradicionais e os efeitos ambientais negativos que provocam tornaram necessário incentivar a utilização de energias renováveis à custa da criação de um défice tarifário. Em Espanha, tal como no resto do mundo desenvolvido, a energia eólica é a fonte de energia renovável que experimentou um maior desenvolvimento. A partir de 1990, esta tecnologia floresceu. Este desenvolvimento foi acompanhado por uma redução dos seus custos, bem como pela criação de uma indústria forte e consistente. A legislação espanhola não previu que os preços deveriam adaptar-se aos avanços técnicos e à sua crescente utilização. Como resultado, o défice tarifário tornou-se um problema estrutural que exigiu a intervenção do governo espanhol para absorver uma parte dos custos que não podem ser cobrados diretamente aos consumidores. Este artigo analisa as caraterísticas do sector e mostra, através de uma simulação de um parque eólico, que a indústria da energia eólica é excessivamente subsidiada. Este excesso de incentivos é uma possível causa do atual défice tarifário. A solução recomendada é diminuir os incentivos sem prejudicar gravemente o sector.

Termos do Índice- Energia eólica, subsídio, défice tarifário, redução de incentivos.

CAPÍTULO 1

O sector da energia eólica em Espanha é sobre-subsidiado? Estudo do défice tarifário através da simulação de um parque eólico

1. INTRODUÇÃO

Este documento tem como objetivo dar uma ideia clara da importância do sector da energia eólica em Espanha, bem como dos problemas que a sociedade tem de enfrentar a este respeito, especialmente o elevado défice tarifário que sofre. A população mundial está a aumentar a um ritmo elevado e a procura de eletricidade está a crescer ainda mais rapidamente, pelo que é cada vez mais importante que cada país conte com as suas próprias fontes de abastecimento de energia. Países como a Espanha têm poucos recursos naturais e, por isso, precisam de fontes alternativas de energia para não dependerem inteiramente das decisões de países estrangeiros.

Entre as chamadas fontes de energia auto-suficientes, aquelas que permitem a um país produzir no seu território uma parte da energia de que necessita, a energia eólica tem sido a mais importante nas últimas duas décadas. O clima e a topografia de Espanha permitem desenvolver esta energia de forma eficiente, prevendo-se um elevado potencial de desenvolvimento futuro [1]. Graças a estas caraterísticas, todas as 17 regiões de Espanha, com exceção de Madrid e da Extremadura, dispõem de parques eólicos dedicados à produção de energia eólica.

Na segunda secção, são apresentadas as caraterísticas do sector da energia eólica. Começa-se por uma apresentação do desenvolvimento recente deste sector, colocando a luz na Europa e especialmente em Espanha. Em seguida, analisa-se a regulamentação específica do sector da energia eólica em Espanha e o desempenho atual da atividade. Por último, é feita uma análise do sector industrial, centrada principalmente na concentração do mercado industrial e nas caraterísticas das empresas envolvidas. A terceira secção explica o conceito de défice tarifário e o impacto da energia eólica em Espanha.

A parte restante do artigo consiste numa análise de simulação da instalação de um parque eólico. Trata-se de um exercício analítico para determinar se a energia eólica em Espanha é ou não sobre-subsidiada. Nesta simulação são calculadas as receitas, as despesas e a rentabilidade do parque eólico. Isto permite concluir que, de facto, este sector está sobre-subsidiado. Por último, é apresentado um conjunto de soluções para reduzir os incentivos sem abrandar significativamente o desenvolvimento deste sector. A aplicação de algumas das soluções propostas pode permitir uma redução importante do atual défice tarifário.

2. O SECTOR DA ENERGIA EÓLICA

Nesta secção, estudamos o desenvolvimento do sector da energia eólica e centramos a nossa análise no caso espanhol. De seguida, analisamos brevemente a regulamentação específica e a concentração do mercado neste país.

A. Evolução recente do sector da energia eólica

Apresentamos uma breve descrição do desenvolvimento da energia eólica instalada por área geográfica. Mostramos a sua importância por continentes e países, e o seu peso relativo em Espanha em comparação com os países vizinhos.

O número de países com uma capacidade eólica instalada assinalável aumentou significativamente nos últimos anos. Em 2011, os principais países em termos de produção de Megawatts (MW) foram a RPC (62364), seguida dos EUA (46919), Alemanha (29060), Espanha (21674) e Índia (16084). Estes cinco países representam 74% da produção mundial.

Por continente, a Europa é onde a energia eólica tem um papel mais importante, o que será discutido mais adiante. Na Ásia, a China e a Índia figuram no top 5 dos países com mais energia eólica no mundo. Noutros países asiáticos, a energia eólica também tem uma presença notável. Nas Américas, apenas os EUA têm uma potência eólica significativa, embora relativamente pequena em comparação com a sua dimensão. Nos outros países americanos, a presença da energia eólica é meramente anedótica, com exceção do Canadá, que tem 5265 MW de energia eólica, ocupando o nono lugar no ranking mundial de energia eólica instalada. A energia eólica em África é quase inexistente.

A energia eólica é a principal fonte de energia renovável na Europa. Na fase inicial, em 1995, a produção de energia eólica era de 885 MW em todos os países europeus. A taxa de crescimento foi de 15,6% em média por ano, de modo que em 2011 a capacidade instalada de energia eólica era de 9616 MW. Assim, em 2011, a Europa tinha acumulado 93957 MW de energia eólica. [2]

QUADRO I. PRODUÇÃO DE ENERGIA EÓLICA POR CONTINENTES

Region	2010	2011
Asia	61106	82029
America	46303	55083
Europe	84650	93957
Oceania	5069	5765

Fonte: Fried, Shukla & Sawyer (2012)

Em toda a UE, os países com maior potência eólica instalada são a Alemanha (29060 MW), a Espanha (21674 MW) e a França (6800 MW) (ver Quadro 1). Em 2000, 85% de toda a energia eólica instalada na Europa durante esse ano foi instalada nestes países.

três países. No entanto, atualmente, a capacidade eólica anual instalada nestes países representa apenas 31% da potência eólica instalada na Europa. Este facto demonstra o empenho da maioria dos países europeus na energia eólica, o que levou à criação de um número significativo de novos parques eólicos, diminuindo a quota dos três principais pioneiros. A potência eólica acumulada em toda a UE no final de 2011 era de 93957 MW, o que representa um crescimento anual de 11%.

O sector da energia eólica tem vindo a adquirir uma importância crescente nos últimos anos. O seu início em Espanha remonta aos anos 90, altura em que foram instalados os primeiros parques eólicos. O desenvolvimento e a melhoria tecnológica contínuos, bem como o consequente barateamento dos aerogeradores, facilitaram a expansão dos parques eólicos em Espanha. Essas melhorias resultaram num aumento contínuo da capacidade instalada anual, que passou de 2529 MW em 1995 [3] para 21674 em 2011. No entanto, nos últimos dois anos, este crescimento energético abrandou consideravelmente e o futuro do sector em Espanha é bastante incerto.

De acordo com o último estudo da associação empresarial eólica em 2011 [4], existiam 1050,10 MW instalados em Espanha, o que representa um aumento de 5,1% da potência instalada em 2010. O número total de parques eólicos no ano foi de 995. Em 2010 a nova potência instalada foi de 1515,95 MW, representando 7,9% de variação em relação à potência instalada no ano anterior. Esta variação no ano de 2009 foi de 12,89%.

Nos últimos anos, a Espanha tem vindo a instalar novas centrais eólicas. Consequentemente, a sua capacidade de produção de energia eólica aumentou, mas, como se viu nos dados anteriores, este aumento da capacidade total instalada foi reduzido, especialmente nos últimos três anos.

A energia eólica está presente em todas as regiões espanholas, com exceção da Extremadura e de Madrid. Há 7 comunidades com mais de 1.000 MW instalados: Andaluzia (3263,2), C. Valenciana (1189), Catalunha (1258,1), Aragão (1893,3), Galiza (3311,5), Castela e Leão (5510,6) e Castela la Mancha (3806,5). As Ilhas Baleares dispõem apenas de 4 MW de energia eólica e Ceuta e Melilha não dispõem de qualquer turbina eólica. A potência eólica instalada em 2012 por regiões é apresentada na Figura 1.

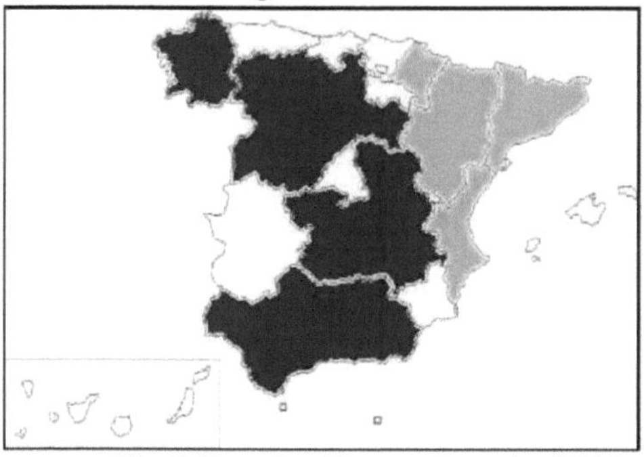

Fig. 1. Energia eólica em Espanha (2011)
Verde escuro: Produção superior a 3500 MW Verde claro: Produção entre 750 e 3500 MW

B. *Regulamentação do sector da energia eólica*

Esta secção centra-se na legislação espanhola que regula a produção e a venda de energia eólica. No entanto, é muito importante notar que a União Europeia desempenha um papel fundamental no sector da energia e é responsável por determinar as taxas da energia produzida a ser utilizada através da utilização de energias renováveis. Até 2010, a Espanha tinha estabelecido um objetivo de 12,1% do consumo de energia primária a ser fornecido por energias renováveis. Em 2011, a percentagem atingida foi de 11,6%. Para 2020, a Espanha estabeleceu um objetivo de 22,7% do consumo de energia primária a ser fornecido por energias renováveis. Além disso, a Espanha é obrigada a adaptar toda a legislação europeia no domínio das energias renováveis.

Esta secção segue o trabalho de Lopez Sako [5], baseado no estudo das medidas de apoio público à energia eólica em Espanha, complementado por uma análise específica da legislação.

Em Espanha, a regulamentação do sector da energia eólica é condicionada pela repartição do poder efetivo entre o Estado e as regiões. As regiões podem autorizar a construção de parques eólicos. Uma vez que todas as regiões têm poder para o fazer, as comunidades decidem se querem instalar um parque eólico numa determinada região. As seguintes regiões têm procedimentos específicos para a aprovação de parques eólicos: Aragão, Astúrias, Canárias, Cantábria, Castela La Mancha, Castela Leão, Catalunha, Estremadura, Galiza, Navarra, La Rioja, Valência e País Basco.

Uma vez que a energia eólica é utilizada para produzir energia eléctrica, foram aprovadas várias leis sobre esta matéria. A primeira lei sobre a regulamentação da energia foi a 40/1994 (LOSEN). Esta lei distinguiu pela primeira vez a produção de eletricidade em o regime ordinário e o regime especial. Este último existe apenas nos casos em que a energia renovável é a principal fonte de energia utilizada. A primeira regulamentação exaustiva do regime especial foi efectuada através do Decreto Real 2366/1994.

A Lei 54 de 1997, juntamente com o Decreto Real 2818/1998, declararam a intenção de promover o desenvolvimento de instalações energéticas ao abrigo do regime especial. Tal foi feito de uma forma compatível com os objectivos legais de Espanha, que se baseavam na livre concorrência. Ao mesmo tempo, este regulamento também teve em conta os objectivos de redução das emissões de gases com efeito de estufa. A forma de impulsionar o desenvolvimento deste tipo de instalações energéticas prevista na lei era através da fixação de prémios. Esta lei previa que os prémios teriam uma duração indeterminada e que o seu montante poderia ser ajustado de quatro em quatro anos, em função da evolução dos preços da energia no mercado.

Em 2004, foi aprovado o Decreto Real 436/2004. Este decreto permite que as empresas decidam entre duas opções quando vendem a energia produzida. Por um lado, poderiam beneficiar de um preço fixo regulamentado ou, em alternativa, receber o preço de mercado acrescido de uma taxa de prémio. A opção escolhida pelas empresas dependia do preço do mercado da eletricidade. Por exemplo, em 2004, quando o preço de mercado da eletricidade era de 28 euros/MWh, 90% das empresas escolheram o preço regulado. Em 2005, pelo contrário, o preço de mercado subiu para 53,68 euros/MWh, o que levou a maioria das empresas a mudar de opção para prémios.

O decreto seguinte, RD7/2006, incluía medidas urgentes a adotar no sector da energia. Aboliu o requisito legal da Lei 54/1997, que estabelecia que o prémio era determinado pelo governo, em consulta com as regiões, de modo a que o preço da eletricidade vendida pelas instalações se situasse entre 80% e 90% do preço médio da eletricidade. O preço médio da eletricidade é calculado dividindo as receitas da eletricidade pela energia fornecida. O objetivo da supressão desta exigência legal não era outro senão o de aumentar a flexibilidade da política de fixação dos prémios e incentivos à produção de eletricidade no âmbito do regime especial.

O próximo Decreto Real aprovado a este respeito foi o 661/2007. Este decreto mantém as duas opções de venda de energia já presentes no regulamento aprovado em 2004. A primeira opção consiste em transferir a energia produzida para as empresas responsáveis pela distribuição de energia a uma taxa regulada, e a segunda opção consiste em vender a energia diretamente no mercado. A segunda opção acrescenta um bónus concedido pelo Estado que depende da fonte de energia utilizada e do tempo decorrido desde a abertura das instalações.

No caso da energia eólica, se os produtores escolherem a primeira opção, a tarifa regulada é de 0,073228€/KWh. No caso de o produtor escolher a opção de vender energia livremente no mercado, existe um limite máximo para a soma do preço de mercado e do prémio de 0,084944€/KWh. Se essa soma for ultrapassada, o prémio não será concedido. Para a energia eólica está também prevista uma taxa para compensar os períodos sem produção de energia de 0,0038€/KWh. Este último valor de compensação é revisto de acordo com o valor do Índice de Preços no Consumidor, normalmente uma vez por ano.

O Decreto-Lei 6/2009, de 30 de abril, estabeleceu uma redução crescente do défice tarifário com vista à sua supressão em 2013. Desde o final de 2010, o sector da energia eólica em Espanha está a atravessar uma situação difícil. As restrições económicas obrigaram o governo a considerar uma redução dos prémios concedidos às empresas produtoras de energia eólica. Esta redução do prémio está reflectida no artigo 5.º do Real Decreto 1614/2010, que estabelece que a energia eólica produzida em 2011 e 2012 receberia 65% do prémio em vigor em 2010, tal como definido no Decreto 661/2007.

Este decreto foi aceite pela maioria dos produtores de energia eólica, mas foi insuficiente para reduzir a despesa pública nesta matéria e, em setembro de 2010, o Ministério da Indústria, Turismo e Comércio enviou à CNE (Comissão Nacional de Energia, supervisor independente) um projeto de Decreto Real considerado economicamente inviável para as empresas do sector. Este projeto incluía três condições inaceitáveis: 1) As subvenções eram limitadas a doze anos; 2) As instalações só beneficiariam do regime especial durante as primeiras 1500 horas de funcionamento num ano; e 3) As subvenções não seriam revistas em função da inflação. O projeto acabou por não ser aprovado.

A situação económica continuou a agravar-se. Por conseguinte, obrigou o governo a adotar uma série de medidas legais urgentes para reduzir a zero o aumento do défice tarifário em 2013. Esta situação culmina com o Decreto-Lei de 12 de julho de 2013, que suspendeu o anterior sistema de compensação e definiu um novo sistema: o modelo de produção de eletricidade baseado em incentivos utilizado desde a Lei 54/1997 é abandonado pela primeira vez.

O novo sistema baseia-se na perceção das receitas derivadas da participação no mercado, com considerações adicionais específicas articuladas em: (i) um montante por unidade de capacidade instalada para cobrir, se for caso disso, os custos de investimento num tipo que não pode ser recuperado pela venda de energia e (ii) um montante para a operação para cobrir a diferença entre os custos de operação e as receitas da quota de mercado de um sistema normalizado.

Isto garante um rendimento razoável estimado antes de impostos, tal como as

Obrigações do Tesouro aumentadas para 10 anos com um spread de 300 pontos de base.

C. Concentração de empresas no sector da energia eólica

Este panorama descritivo do sector eólico em Espanha é completado com um breve estudo de desagregação das empresas produtoras, bem como com o cálculo de índices e rácios para as principais empresas do sector eólico. Estes índices e rácios oferecem uma visão da estrutura e do grau de concentração.

A tabela seguinte mostra a informação relacionada com a potência instalada de cada empresa em Espanha para 2011 e a produção total. A Gamesa é a mais proeminente e a Vestas segue-se à General Electrics, que produziu um sexto do total no último ano considerado e é relativamente nova no mercado.

QUADRO II. POTÊNCIA INSTALADA POR EMPRESA

Company	2011		Historical data	
Gamesa	461.15	43.9%	11510.16	53.1%
Vestas	207.4	19.8%	3733.49	17.2%
Alstom	68.11	6.5%	1629.54	7.5%
Acciona Wind Power	102	9.7%	1556.13	7.2%
General Electrics	163.44	15.6%	1366.64	6.3%
Siemens	48	4.6%	772.4	3.6%
Enercon	-	-	485.03	2.2%
Suzlon	-	-	218	1.0%
Nordex	-	-	135.18	0.6%
Desa	-	-	100.8	0.5%
Lagerway	-	-	37.5	0.2%
M-Torres	-	-	36.9	0.2%
Kenetech	-	-	36.9	0.2%
RepoNer	-	-	25.00	0.1%
Otros	-	-	17.29	0.1%
Fuhrlander	-	-	12.5	0.1%
Windeco	-	-	0.05	0.0%
TOTAL	1050	100%	21673	100%

Fonte: AEE (2012) e elaboração do autor

Concentramo-nos nas quatro empresas com a maior quota de mercado: Gamesa, Vestas, Alstom e Acciona, que acumulam 85% da potência acumulada em 2011.

a) A Gamesa é uma das mais importantes empresas produtoras de energia eólica a nível mundial. Em 2011, as suas vendas foram de 3,03 mil milhões de euros. Durante esse ano esta empresa produziu 2.802MW e recebeu encomendas para a instalação de mais 1.600 MW. Em Espanha, é a maior empresa em termos de capacidade instalada.

Tem um mercado

de 53,1% para 11510 MW no total. Dos 2802 MW produzidos em 2011, apenas 8% (232 MW) se destinaram ao mercado espanhol. A empresa comercializa 3 tipos de turbinas eólicas: turbinas eólicas de 2MW, 4,5MW e 5MW, a última apenas para ser instalada no mar. A empresa também fabrica e fornece todos os componentes eléctricos das turbinas eólicas e realiza trabalhos de manutenção. [6]

b) A Vestas ocupa o segundo lugar na produção de energia eólica. Em 2012, de acordo com os resultados apresentados no seu sítio Web, a empresa registou vendas no valor de 7 216 mil milhões de euros e tem 17 778 funcionários em todo o mundo. Como mostra a Tabela 2, em Espanha, esta empresa produziu um total de 3733,49MW, o que representa uma quota de mercado de 17,2%. A Vestas tem turbinas eólicas de 2 MW e 3 MW. [7]

c) ***A Alstom*** é outra empresa importante no mercado espanhol de energia eólica. No final de 2011, a empresa tinha em Espanha um total de 1629 MW, adquirindo assim uma quota de mercado de 7,5%. No entanto, é notável que esta empresa esteja a perder peso relativo no sector, uma vez que em 2011 era a segunda menos importante, com apenas 68,11 MW. Em 2012, as suas vendas mundiais de energias renováveis foram de dois mil milhões de euros. Trata-se de uma grande empresa com 10.000 empregados no sector das energias renováveis. Em Espanha, possui 1.500 turbinas distribuídas por um total de 70 parques eólicos. [8]

d) A Acciona ocupa o 4º lugar em número de MW instalados em Espanha, mas é líder mundial na produção de energia a partir de fontes renováveis. Os dados mais recentes indicam que registou vendas no valor de 2,1 mil milhões. O número de empregados era de 2.466 e tinha 8.437MW instalados em todo o mundo. A Acciona tinha em meados de 2012 164 parques eólicos no país. [9]

Para efetuar uma análise económica mais rigorosa e completar a análise prévia do mercado, são calculados vários índices e rácios significativos que permitem analisar as diferenças entre as empresas do sector. Isto é importante para determinar se se trata de um sector com elevada concentração de mercado, no qual algumas empresas detêm praticamente todo o poder de mercado ou se, pelo contrário, existem muitas pequenas empresas.

O primeiro índice que calculamos é o índice de concentração industrial, definido como a soma das contribuições das k empresas em que nos queremos basear para calcular o índice: $c\wedge = \wedge\ s_{li}$. Este índice pode ser calculado utilizando os MW instalados, tal como especificado por cada empresa, ou utilizando dados de vendas de

MW (em milhões de euros) em Espanha. Em qualquer caso, o primeiro passo é calcular as quotas de cada empresa no sector. Para k=3 o índice de concentração é de 0,778 e para k=5 sobe para 0,85, muito próximo da unidade. Isto mostra que o sector da energia eólica em

A Espanha está altamente concentrada: a principal empresa, a Gamesa, representa mais de 50% da produção, e as três principais empresas, a Vestas e a Gamesa Almstrom, detêm mais de três quartos da produção do sector.

O próximo índice a ser calculado é o Índice de Hirschman-Herfindahl [10] [11], sendo a soma das contribuições das n empresas para tomar a indústria a analisar, ao quadrado, de acordo com a fórmula $H =$ z* O resultado do índice de Herfindahl é 0,329, um resultado não muito próximo do valor mínimo que pode utilizar este índice, que neste caso é um sobre dezassete, indicando novamente que o sector eólico espanhol apresenta um elevado grau de concentração. A produção é gerada por empresas com uma dimensão muito diversificada.

D. Impacto da energia eólica na economia espanhola: défice tarifário

A energia eólica não é apenas uma forma adicional de produzir energia, mas em Espanha contribui significativamente para o PIB do país. A contribuição para o PIB pode ser estudada de três pontos de vista. Do lado da procura, a contribuição para o PIB é a soma da procura interna e das exportações líquidas menos os produtos intermédios. Do ponto de vista da oferta, a contribuição para o PIB é expressa como o rendimento de exploração menos o consumo de exploração. Por último, a contribuição para o PIB pelo lado do rendimento é igual às despesas de pessoal mais o excedente bruto de exploração.

A procura interna total do sector contribuiu para 6,64 mil milhões de euros em 2009, 5,51 em 2010 e 4,96 em 2011. As exportações líquidas representaram 871,2 milhões de euros em 2009, 959 em 2010 e 1118,3 em 2011. As receitas foram de 9,69 mil milhões em 2009, 8,19 em 2010 e 8,78 em 2011. As despesas de pessoal foram de 1,03 mil milhões de euros em 2009, 1,007 em 2010 e 0,83 em 2011. Em quase todos os dados apresentados no quadro 3, podemos verificar que houve uma diminuição da contribuição do sector da energia eólica para o PIB [4]

QUADRO III. CONTRIBUIÇÃO PARA O PIB

Variable	2007	2008	2009	2010	2011
Domestic demand	7584.4	5628.1	6641.9	5513.2	4956.2
Net exports	983.4	1060.6	871.2	1118.3	959
Goods and services exports	2648.9	2934.4	2124.4	2131.5	1893.1
Goods and services imports	1665.5	1873.7	1253.2	1013.2	934.1
Intermediate Outputs	6562.4	4350.3	5541.1	4796.3	4289.3
Demand	2005.3	2338.4	1972	1835.1	1626.4
Operating income	10436	11989	9686.5	8787.4	8193
Operating consumption	8430.7	9650.5	7714.5	6952.4	6566.3
Supply	2005.3	2338.4	1972	1835.1	1626.4
Personnel expenses	933.9	1042.1	1031.5	1007	831.3
Gross operating surplus	1071.4	1296.4	940.5	828.1	795.4
Income	2005.3	2338.4	1972	1835.1	1626.7

Fonte: AEE (2012) e elaboração do autor

O montante em milhões de euros do saldo orçamental tem vindo a diminuir desde 2008, passando de 243,7 milhões em 2008 para 134,7 milhões em 2011. Isto deve-se ao facto de ter havido um declínio na receita do imposto sobre as sociedades, que passou de 220 milhões em 2008 para apenas 105 milhões em 2011. Diminuindo a cobrança de impostos, o resultado do saldo orçamental diminuiu. [12]

A presença da energia eólica implica a criação de novos postos de trabalho num país, o que contribui positivamente para o crescimento económico. Os empregos podem estar diretamente relacionados com o sector, como a construção, instalação e manutenção de turbinas eólicas (empregos diretos), ou contribuir indiretamente para o desenvolvimento do sector (empregos indirectos). Em Espanha, o número total de postos de trabalho diretamente relacionados com a energia eólica atingido no final de 2008 foi de 41 438 e estima-se que tenha havido 18 458 postos de trabalho indirectos adicionais.

A partir de 2009, este número diminuiu, pelo que, em 2011, o número de postos de trabalho diretos foi de apenas 27 119 (12 849 induzidos) [4] Esta diminuição deveu-se à crise económica, com a queda da procura e dos preços desde 2008, e à legislação restritiva da produção a partir de abril de 2009.

Atualmente, existe um importante défice tarifário que surgiu devido ao facto de os custos crescentes da produção de energia não terem sido transferidos para os preços.

Assim, entre 2005

e 2011, os custos de transporte de energia aumentaram 64%, os custos de distribuição 56% e os custos de interrupção 117%. Estes valores são ainda mais elevados no caso do abastecimento de energias renováveis, devido ao aumento significativo desta produção de energia, cujos prémios são cobrados ao sistema. Em contrapartida, a procura de energia aumentou apenas 3,5%, um valor insuficiente para compensar o elevado aumento dos custos. Se fosse possível eliminar uma parte dos custos acrescidos dos preços da energia, o défice seria menor.

Como referido na parte B da segunda secção, o maior problema que a indústria da energia eólica enfrenta (e, em geral, todas as indústrias de energias renováveis) é o défice tarifário. Trata-se de um problema muito complexo que requer uma solução rápida para que seja possível continuar a utilizar esta energia que traz tantos benefícios à economia espanhola. O presente documento abordará este problema, explicando o que e como poderia ser resolvido. Evitamos a introdução da maior parte dos pormenores técnicos, uma vez que isso ultrapassaria o âmbito deste trabalho.

Em primeiro lugar, temos de saber o que é o problema do défice tarifário. O défice tarifário não é mais do que a diferença entre o montante total cobrado pelos preços fixados pela administração e pagos pelos consumidores e os custos associados à produção, transporte e distribuição de energia. Esta diferença deve-se a duas causas: erros na estimativa dos custos que determinam os preços e decisões regulatórias do sector público ao fixar as tarifas a pagar pelos consumidores e os prémios para as empresas produtoras de energias renováveis.

A maior parte dos custos que determinam os preços são calculados com base em estimativas. Estas previsões têm uma margem de erro, uma vez que os custos estimados nem sempre correspondem aos custos reais. Esta situação conduz a défices tarifários. Um exemplo é o custo de produção das energias renováveis, que recebe prémios, e é calculado com base em previsões. Um erro na estimativa produz uma quantidade que não corresponde ao prémio necessário para o sector.

No entanto, é preciso dizer que os erros de estimativa, por si só, não explicam o défice tarifário. Isto porque, em geral, os erros positivos (aumento dos prémios mais do que o necessário) tenderiam a compensar os erros negativos. O défice tarifário não pode ser entendido sem ter em conta as decisões regulamentares que foram tomadas pelos governos desde 2000. Neste ponto, centrar-nos-emos apenas nos aspectos da regulamentação da energia eólica que tiveram um impacto direto no défice tarifário.

Desde 2000, os governos espanhóis têm considerado dois tipos diferentes de custos de energia: Custos esperados e custos desejados (do ponto de vista do regulador). Parte do problema reside na rejeição, por parte dos políticos, do custo político que pode resultar do impacto inflacionário dos preços da eletricidade e do efeito sobre a competitividade de alguns sectores de produção intensiva em energia. Isto significa que os governos utilizam principalmente o custo desejado em vez do custo esperado quando calculam o preço da energia. No entanto, as empresas têm de receber o custo reconhecido que é superior às receitas, o que significa que a estratégia de controlo da inflação só pode ser temporária.

O comportamento do governo criou um défice cada vez maior e difícil de manter, com efeitos negativos para o desenvolvimento da concorrência nos mercados. O défice tarifário, a diferença entre as receitas das empresas e os pagamentos efectuados pelos consumidores, deve ser coberto por recursos financeiros, que são obtidos com a garantia regulamentar, com a promessa de que será recuperado através de futuros aumentos das taxas de acesso à rede.

A partir de 2005, o défice tarifário registou um aumento significativo. Este aumento deve-se ao preço do petróleo que disparou, provocando um aumento do custo da eletricidade que o Estado não reflectiu totalmente no preço que os consumidores têm de pagar. Além disso, o montante dos prémios a pagar às fontes de energia renováveis também disparou. Em regulamentos recentes, o governo tentou reduzir o défice estrutural existente, mas sem abordar a causa principal, que seria a adequação das taxas e prémios aos custos reais. O decreto-lei de julho de 2013 sobre esta matéria tenta abordar a questão pela primeira vez.

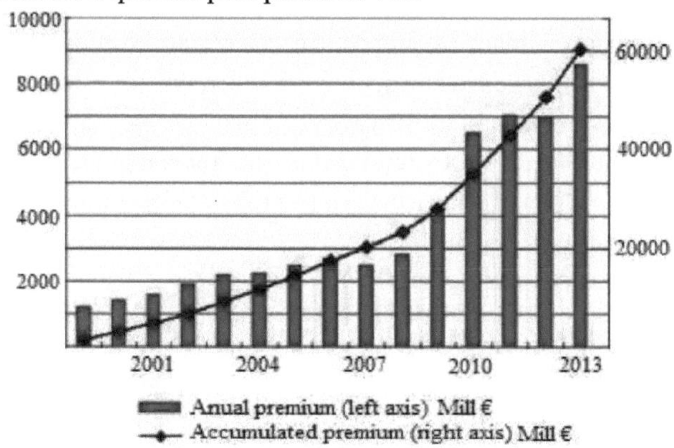

Fig. 2. Prémio pago aos fornecedores de energias renováveis

Os números mostram que o défice se tornou insustentável. Convém esclarecer que tal não se deve principalmente à energia eólica, mas sim aos prémios estabelecidos em

2007 a favor da energia solar, nomeadamente fotovoltaica e solar térmica. A causa é o montante do prémio comparado com a eficiência. De facto, o prémio da energia solar é de 35 cts €/kWh, quase quatro vezes o prémio do kWh da energia eólica.

Justificámos anteriormente que a energia eólica contribui para o crescimento do PIB e cria novos empregos, reduz a dependência energética e as emissões de gases com efeito de estufa, o que significa que é desejável mantê-la ou aumentá-la. Do exposto, pode concluir-se que os produtores de energia eólica (bem como outros fornecedores de energias renováveis) necessitam de subsídios para continuarem a investir nas instalações necessárias, em particular nas infra-estruturas das turbinas eólicas. A questão que se coloca é a de saber até que ponto as empresas produtoras de energia eólica estão a beneficiar dos subsídios que o Estado lhes paga. Por outras palavras, precisamos de saber se as empresas de energia estão a receber mais do que o que seria de esperar para empresas que recebem subsídios públicos de rentabilidade.

Uma forma de estudar os subsídios recebidos pelas empresas produtoras de energia eólica é o estudo de um pequeno parque eólico (um parque eólico com uma capacidade instalada não superior a 5 MW). A próxima secção do documento consiste numa simulação da localização e do desempenho de um parque eólico hipotético. A análise incluirá uma explicação pormenorizada da localização, a escolha do tipo de turbina a utilizar e uma análise pormenorizada da relação custo-benefício do parque eólico. Depois, poderemos concluir se o sector da energia eólica é ou não excessivamente subsidiado.

3. SIMULAÇÃO DA INSTALAÇÃO DE UM PARQUE EÓLICO

Para simplificar os cálculos, o parque eólico a simular não deve exceder 5 MW de potência eólica (mini parque eólico). Para a escolha da turbina eólica, existem várias possibilidades: cinco turbinas eólicas de 850 KW (Gamesa G52), três turbinas Acciona Wind Power de 1500 KW ou duas General Electric de 2000 KW (Gamesa G87) e, finalmente, duas Gamesa G114 de 2,5 MW cada.

Apenas foram incluídos os modelos da Gamesa e da Acciona, por serem as empresas espanholas que dominam o mercado e por terem unidades de produção em Espanha, o que reduz os custos de transporte.

O primeiro fator a considerar na escolha do tipo de turbina eólica é o acesso ao local selecionado. A longitude das turbinas é de cerca de 80 metros, pelo que é necessário contar com estradas adequadas para o seu transporte. Todos os locais considerados como possíveis locais para o pequeno parque eólico estão situados a baixa altitude (menos de 400 metros) e podem ser acessíveis, pelo que este fator não será um problema na nossa análise.

- Opção de 2,5 MW: Permitiria a instalação de duas turbinas de alto rendimento, um dos modelos mais eficientes de turbinas eólicas. A principal desvantagem é o grande diâmetro das pás, o que resulta na necessidade de estradas largas para o seu transporte.
- Opção de 1500 KW: Elevada produção com três moinhos de vento em vez de dois.
- Opção de 850 KW: Tem o diâmetro mais baixo (52 m) mas tem um ótimo produção. Não é a opção mais barata, uma vez que exigiria a instalação de cinco turbinas eólicas para atingir a capacidade pretendida.

QUADRO IV. CARACTERÍSTICAS DOS AEROGERADORES

Model	Rotor diameter	Height	Power	Price (M. €)
G52-850 KW	52	79	850	0.8
Acciona AW77	77	61.4	1500	1.8
GE 1,5S	77	80	1500	1.8
G114	114	93	2500	N.A.

A tabela acima mostra que a turbina eólica mais adequada para este parque eólico de pequena escala é a Acciona AW77. O preço razoável, o rotor de pequeno diâmetro e a baixa altura da torre fazem desta a melhor escolha. Além disso, a sua produção é a mais elevada depois do modelo G114. Para um parque eólico de grande escala, o G114 seria a escolha preferível, mas é demasiado grande para o tipo de parque eólico que está a ser proposto nesta análise.

O local onde o parque eólico é instalado tem de cumprir um conjunto de requisitos. Em primeiro lugar, o local escolhido deve ter pelo menos 2.500 horas de potência total equivalente. Além disso, as turbinas eólicas têm de ser instaladas a uma distância de, pelo menos, um quilómetro de qualquer área urbana. Além disso, como os aerogeradores são transportados em grandes camiões, é necessário ter em conta o acesso ao parque eólico. As estradas na área escolhida para a localização do parque eólico não podem ter curvas com um raio de viragem pequeno, pois isso impediria o transporte de peças. Por último, deve tentar-se localizar o parque num local que não seja demasiado povoado para evitar os efeitos negativos que as turbinas eólicas podem ter na paisagem. Trata-se da poluição visual e sonora.

O Atlas Eólico contém informações úteis sobre a velocidade média do vento a 80 metros acima do solo para o território espanhol. As pás dos aerogeradores estão situadas a uma altitude de, pelo menos, 50 metros. Para decidir a localização de um parque eólico, é necessário conhecer a velocidade do vento a essa altitude, que é sempre superior à velocidade ao nível do solo.

O mapa de ventos em anexo (Figura 3) mostra que as zonas com mais vento são as zonas costeiras do nordeste da Catalunha, do noroeste da Galiza e do Estreito de Gibraltar. Em terra, as zonas mais ventosas são Cádis (velocidade do vento próxima da média, 9 m/s), La Coruña (7,5 m/s) e a foz do rio Ebro (8,0 m/s). Outras zonas com vento suficiente para a instalação de um parque eólico são o vale do Ebro, perto da localidade de la Muela (Saragoça), o vale do Douro e zonas interiores espaçosas de Castilla la Mancha. A limitação económica para instalar um parque eólico rentável é de cerca de 2.000 horas por ano a trabalhar a plena potência.

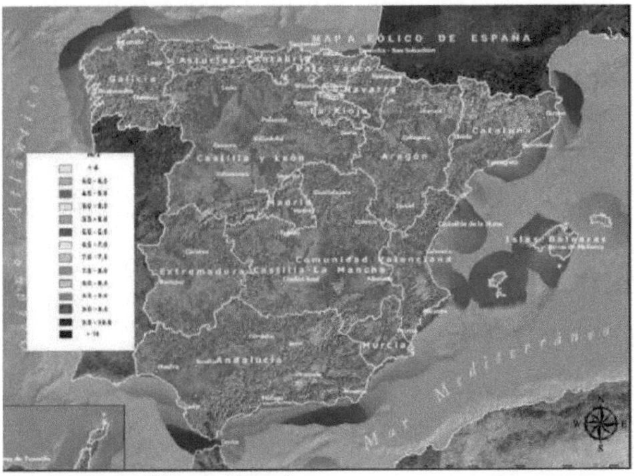

Fig. 3. Mapa eólico de Espanha

Uma vez selecionadas as zonas mais ventosas de Espanha, o passo seguinte consiste em analisá-las mais pormenorizadamente utilizando a ferramenta fornecida pelo Atlas do Vento. Uma das funções permite saber qual é a velocidade média do vento numa determinada zona em diferentes estações do ano. Nas montanhas de Tortosa, perto da foz do rio Ebro, a velocidade do vento situa-se, na maior parte do ano, entre 8,4 e 9 m/s (exceto no verão). O norte da Galiza é outra zona muito ventosa do país. A velocidade média do vento atinge os 7 metros por segundo na maior parte do ano, ultrapassando os 8 no verão.

A província de Cádis é, sem dúvida, a zona mais ventosa de Espanha. A Serra de Grazalema tem uma velocidade média superior a 10 m/s e Tarifa ronda os 11 m/s. Embora à primeira vista possa parecer que estes valores são demasiado elevados para que seja viável produzir eletricidade de forma contínua, não é muito comum registar ventos superiores a 20 m/s, velocidade a partir da qual as turbinas eólicas param. Esta informação revela que os dois locais mais adequados para a instalação de um parque eólico são Tarifa e a Serra de Grazalema (tendo em conta apenas a velocidade do vento). A Sierra de Grazalema está longe de qualquer núcleo urbano e é uma região menos povoada, minimizando os impactos da poluição visual. Tarifa é uma cidade, mas o parque eólico seria instalado nas montanhas, a uma distância de 3 km da cidade e fora das praias protegidas da zona.

Antes de decidir a localização, deve ser efectuada uma breve análise do impacto ambiental. Grazalema, apesar de ser a segunda zona mais ventosa de Espanha, é uma serra relativamente alta que está protegida quase totalmente pela área protegida de Grazalema. A presença desta zona com vida selvagem de grande valor ecológico torna menos conveniente a instalação de um parque eólico nesta zona. Tarifa, por outro lado, está situada perto da zona protegida do Estreito. No entanto, Tarifa e os seus arredores não dispõem de proteção específica, pelo que seria viável a instalação de um parque eólico nas imediações de Tarifa. No entanto, esta zona tem uma dimensão reduzida, o que limita a possibilidade de instalação de parques eólicos na zona.

QUADRO V. FACTORES PARA DECIDIR A LOCALIZAÇÃO DE UM PARQUE EÓLICO

Variable	Explanation
Wind	For the installation of a wind farm is essential that the area has at least 2000 hours of energy production equivalent to maximum power.
Environment	The presence of environmentally protected areas (national parks, natural parks, reserved areas, biosphere reserves and other) exclude the installation of a wind farm.
Distance to populated areas	No wind farm may be located at a distance lower than a mile from the nearest town.
Visual pollution	The effect of wind turbines on the landscape is taken into account.
Access	The transport parts of wind turbines requires optimal layout of roads, without sharp bends.

O objetivo é verificar se a energia eólica está a receber subsídios excessivos do Governo espanhol, o que resulta numa rentabilidade excessivamente elevada para os fornecedores de energia eólica. Nesse caso, as empresas estariam a obter esta elevada rendibilidade à custa do Estado.

A metodologia consiste na utilização da informação fornecida por várias associações sobre a distribuição dos custos de operação e manutenção dos parques eólicos e a distribuição dos custos de investimento necessários para instalar um parque eólico. Esta informação é utilizada para efetuar um cálculo exaustivo do retorno financeiro que se obteria no caso de ser instalado um parque eólico cuja potência não exceda os 5

MW. No que diz respeito à escolha da turbina a utilizar e à localização dos parques eólicos, a análise que se segue baseia-se no projeto de Almudena Alonso [13].

A partir da discussão acima, pode concluir-se que a localização ideal para um parque eólico seria Tarifa. No entanto, há dois problemas com este local que vão fazer com que mais zonas sejam consideradas como potenciais localizações de parques eólicos. O primeiro é o facto de o espaço disponível para a instalação de turbinas eólicas ser reduzido. O segundo problema tem a ver com o facto de a velocidade do vento ser muito elevada, o que permite que as turbinas eólicas trabalhem a maior parte do tempo na sua potência máxima. Este facto faz com que este local não seja representativo de todo o território espanhol e qualquer conclusão que se possa tirar não pode ser considerada válida para o resto do país. Por conseguinte, nas áreas de simulação incluímos mais dois locais: Toque (Lugo) e La Muela (Saragoça).

Toque tem bons acessos rodoviários, falta de proteção ambiental, exceto nas montanhas do Careon, a sul, com vistas naturais interessantes. Esta zona tem uma velocidade de vento elevada, sem ser excessiva, e a criação de um parque eólico nesta zona criaria uma poluição visual e sonora limitada. Existe espaço disponível para instalar turbinas eólicas suficientemente longe de qualquer centro urbano. Neste caso, o centro urbano mais próximo é Toques e o terreno permite separar suficientemente as turbinas eólicas da aldeia (mínimo 3 km).

A zona de La Muela, em Saragoça, situa-se numa área com acessos rodoviários de primeira categoria, sem a presença de parques naturais e áreas protegidas em redor. No entanto, sem ser uma zona extremamente ventosa, cumpre os requisitos mínimos para a instalação de um parque eólico. A sua inclusão na simulação permite calcular qual seria o rendimento de um parque eólico situado numa zona sem muito vento.

Segue-se uma descrição do método utilizado para obter a rentabilidade do projeto. Determinamos a margem operacional, o investimento financeiro e amortizações, a demonstração de resultados, e outras variáveis económicas que permitem avaliar o desempenho de um pequeno parque eólico em qualquer uma das três áreas em estudo [14].

A. Margem operacional

A primeira operação que é implementada é o cálculo da produção total de energia eléctrica que pode ser obtida numa área geográfica. Isto requer o conhecimento da distribuição do vento na área. Os dados da distribuição do vento são fornecidos pelo IDAE no seu Atlas Eólico, como já foi referido. A Tabela VI mostra o caso do parque eólico de Tarifa.

Por um lado, esta tabela indica a probabilidade de uma dada velocidade do vento ocorrer em Tarifa. O número de horas em que uma dada velocidade do vento é registada é obtido multiplicando a probabilidade pelo número de horas. Por outro lado, é apresentada a produção de energia de uma turbina eólica de 1,5 MW da Acciona. Para obter a produção total de energia em kWh, é necessário multiplicar as horas de cada velocidade do vento pela produção de energia da turbina eólica para essa velocidade. A informação é fornecida pelo fabricante, neste caso a Acciona.

QUADRO VI. PRODUÇÃO DE ELECTRICIDADE EM FUNÇÃO DA VELOCIDADE DO VENTO

Wind speed (m/s)	Probablity (%)	Hours number	kW produced	Production (kWh)
5	0	0	179	0
6	2.27	198.852	310	61644
7	2.26	197.976	499	98790
8	1.15	100.74	741	74648
9	23.8	2084.88	1014	2114068
10	27.53	2411.628	1298	3130293
11	6.53	572.028	1447	827724
12	11.26	986.376	1492	1471673
13	0	0	1500	0
14	25.2	2207.52	1500	3311280
Total	100	8760	NA	11,090,121

A soma da energia produzida em kWh para cada velocidade do vento dá o volume de eletricidade produzida. Este valor é utilizado posteriormente para calcular o rendimento do parque eólico. Para este trabalho, assume-se que o volume de energia vendido é inferior ao volume produzido. Estima-se que 3% da energia se perde no processamento e transporte e 1,5% é utilizada no parque eólico.

O rendimento é calculado partindo do princípio de que o preço regulado aumenta 1% por ano. O valor percebido pelas empresas por MWh é de 90% do preço regulado nos primeiros 15 anos e de 80% do ano 15 ao ano 20. A receita de cada ano é obtida multiplicando esta taxa pelo volume de eletricidade vendido ao mercado. As despesas de exploração de um parque eólico são muito baixas durante os três primeiros anos de funcionamento, porque as turbinas eólicas estão na garantia e a manutenção necessária é mínima, mas uma vez terminado este período, os custos de manutenção aumentam. O custo de exploração de um parque eólico representa, após o terceiro ano, 21% das receitas totais. Estas despesas, de acordo com informações de [15], dividem-se em custos de exploração e manutenção (57%), seguros e impostos (14%), aluguer de terrenos (16%) e taxas de serviço (13%). A margem operacional é obtida subtraindo as despesas operacionais às receitas operacionais.

b. Investimento financeiro e custo da dívida

O investimento inicial necessário para iniciar as actividades de um parque eólico inclui a compra de aerogeradores (74% do investimento total), três aerogeradores na nossa simulação da Acciona de 1,5 MW, a infraestrutura eléctrica representa 17% do investimento. O restante divide-se em infra-estruturas físicas (5%) e outras despesas (4%), como mostra a tabela VII.

QUADRO VIL INVESTIMENTO NECESSÁRIO PARA CRIAR UM PARQUE EÓLICO

Use	Investment per wind mill	Total investment
Wind mill	1,620,000	4,860,000
Electrical infrastructure	372,161	1,116,486
Physical infrastructure	109,459	328,378
Other expenses	87,567	262,702
TOTAL	2,189,189	6,567,567

O investimento divide-se em capital (20%) e passivo (os restantes 80%). Assumimos que a taxa de juro aplicável é de 6% e que o financiamento é devolvido em 15 pagamentos anuais. Estes dados de pagamentos e juros calculados são incorporados na demonstração de resultados. Para calcular a amortização, utilizamos o pressuposto de que as turbinas eólicas são amortizadas em 15 anos, enquanto as instalações têm uma vida útil de 20 anos.

c. Rentabilidade

O ponto de partida da demonstração de resultados é a margem operacional. Se os pagamentos de juros e amortizações forem subtraídos à margem operacional, obtém-se o lucro antes de impostos. O passo seguinte é subtrair os impostos ao lucro antes de impostos para obter o lucro depois de impostos. Até à data, a legislação estabelece que as PME pagam um imposto de 20% sobre os primeiros 300 000 euros de lucros e 25% sobre os restantes. Também tivemos em conta as necessidades de liquidez que a empresa pode ter. Assim, considera-se que têm sempre disponíveis despesas de funcionamento de dois meses e um mês de receitas.

O dinheiro disponível para a empresa (Cash Flow) é igual à margem operacional menos impostos, pagamentos de juros e necessidades de liquidez. Se este fluxo for subtraído dos pagamentos, chegamos aos dividendos que a empresa distribuiu aos acionistas. A taxa interna de rendibilidade (TIR) é calculada com os dados dos dividendos e os dados do investimento de capital inicial.

QUADRO VIII. RESUMO DOS CÁLCULOS EFECTUADOS

Operating margin calculation	
Variable	**Assumptions**
Total energy produced	Wind distribution Wind probability Number of hours of wind
Energy lost during transformation	4.5% of the total
Revenue	Average regulated price 90% of potential during the first 15 years and 80% after
Operating cost	Low the first 3 years (warranty period) 21% of income after that
Net investment	
Assumptions	**Assumptions**
Investment	20% capital, 80% liabilities 6% interest rate, 15 years loan
Amortization	Windmills: 15 years Infrastructure: 20 years
Profitability	
Profit after taxes = Operating margin – Interest – Amortization – Tax	
Available cash flow = Operating margin – Interest – Liquidity needs	
Dividends = Available cash flow – Loan payment	

É importante salientar que os cálculos económicos aqui apresentados são conservadores, uma vez que se assume que as turbinas eólicas são amortizadas ao longo de 15 anos e que a sua vida útil é de 20 anos, que 80% do investimento é financiado com dívida a uma taxa de juro muito elevada e que a TIR é calculada após impostos, como se os impostos fossem um custo adicional da empresa. Além disso, os empréstimos são pagos em 15 anos, 5 anos antes do fim da vida do projeto. Em resumo, o quadro VII apresenta o procedimento de cálculo da margem operacional, do investimento líquido e do rendimento, de acordo com os pressupostos técnicos adoptados para a sua determinação.

d. Análise dos resultados para os três potenciais parques eólicos

O parque eólico de Tarifa tem uma produção de energia excecionalmente elevada (33.270,4 MW para os três aerogeradores) em relação a outras zonas geográficas potenciais, devido à elevada velocidade média do vento aí registada. Este valor elevado faz com que tanto a margem operacional como os lucros antes de impostos tenham valores muito elevados, ultrapassando ambos um milhão de euros. Os dados mais importantes para extrair conclusões dos cálculos são o valor atual líquido (VAL) do investimento e a TIR. O valor atual líquido ou valor atual de todos os pagamentos efectuados e rendimentos calculados é de cerca de 7 milhões de euros com um investimento inicial de apenas 1,3 milhões de euros. A taxa interna de rendibilidade ou de juros que torna o VAL igual a zero é de 63%. Qualquer valor superior a 10% de TIR é excessivo, porque a taxa de juro oficial é próxima de zero e a inflação não ultrapassa os dois pontos percentuais. Isto implicaria que o sector público está a subsidiar excessivamente a energia eólica. Por conseguinte, seria essencial reduzir os actuais subsídios.

No entanto, há que ter em conta que Tarifa, pelas suas caraterísticas notáveis, faz com que os resultados da simulação não sejam aplicáveis ao resto do país. Não seria aceitável afirmar, apenas após este exercício, que a energia eólica é sobre-subsidiada porque não existe outra localização disponível em Espanha com caraterísticas semelhantes para gerar energia eólica.

QUADRO IX. RESUMO DOS RESULTADOS PARA O PARQUE EÓLICO DE TARIFA

Variable	Year 1	Year 2	Year 3	Year 4	Year 5
Income	2288748	2381680	2503170	2630857	2457829
Operating expenses	406482	537069	638640	759421	802705
Operating profit	1882266	1844612	1864530	1871436	1655123
Amortization	396243	396243	396243	396243	72243
Interest payment	-315243	-255995	-159608	-30621	
Profit before taxes	1170780	1192374	1308679	1444572	1582880
20% tax on the first 300,000 euro	60000	60000	60000	60000	60000
25% tax on the remaining profits	217695	223093	252170	286143	320720
Profit after taxes	893085	909280	996509	1098429	1202160
Liquidity needs	219860	236963	254367	273663	262346
Cash Flow	1069468	1068560	1138385	1221009	1012057
Debt payment	-225729	-284977	-381364	-510351	
Distribution of dividends	843739	783583	757022	710658	1012057

Consequentemente, a fim de obter resultados para outras áreas geográficas com condições de vento diferentes, efectuamos exercícios de simulação para parques eólicos localizados em Toque e La Muela. O procedimento de cálculo e os pressupostos técnicos são os mesmos que os já especificados para Tarifa e resumidos na Tabela VIII. Em Toques (Lugo), os aerogeradores podem trabalhar 4.613 horas anuais a plena potência. Se tivermos em conta que um ano tem 8.760 horas, este valor é considerado um valor médio que permite tirar conclusões aplicáveis à média dos parques eólicos localizados em Espanha.

QUADRO X. RESUMO DOS RESULTADOS PARA O PARQUE EÓLICO DE TOQUE

Variable	Year 1	Year 2	Year 3	Year 4	Year 5
Income	1427523	1485487	1561261	1640901	1532981
Operating expenses	162452	326807	343478	360998	337256
Operating profit	1265071	1158680	1217784	1279903	1195725
Amortization	396243	396243	396243	396243	396243
Interest payment	-315243	-255995	-159608	-30621	
Profit before taxes	553585	506442	661933	853039	799482
20% tax on the first 300,000 euro	60000	60000	60000	60000	60000
25% tax on the remaining profits	63396	51610	90483	138260	124871
Profit after taxes	430189	394831	511449	654779	614612
Liquidity needs	130603	142381	143576	144832	143130
Cash Flow	695829	648693	764117	906191	867725
Debt payment	-225729	-284977	-381364	-510351	
Distribution of dividends	470100	363716	382753	395840	867725

Na demonstração de resultados apresentada acima (Quadro X), podemos ver que os valores das receitas e dos lucros antes de impostos não são tão elevados como os de Tarifa. Isto deve-se ao facto de, neste local, haver muito menos vento para produzir energia eléctrica. No entanto, o valor da taxa interna de rendibilidade, TIR, é de 33 %. Embora seja consideravelmente inferior à taxa de Tarifa (63%), continua a ser demasiado elevada para ser considerada justa para uma empresa com estas caraterísticas. A TIR, que não deveria ser superior a 10 %, permite concluir que o financiamento concedido à energia eólica sob a forma de prémios é excessivo. Na secção seguinte, são explicadas as medidas possíveis para reduzir esse financiamento excessivo.

Neste caso, uma área eólica média representativa, o lucro após impostos do primeiro ano é superior a 30 %. Estes dados mostram claramente que o sistema de bónus é excessivo. Outra constatação importante é o facto de o investimento inicial ser recuperado em apenas 3 anos.

QUADRO XL RESUMO DOS RESULTADOS PARA O PARQUE EÓLICO DE LA MUELA

Variable	Year 1	Year 2	Year 3	Year 4	Year 5
Income	992489	1032788	1085471	1140841	1065809
Operating expenses	112945	232894	276939	329314	348084
Operating profit	879544	799895	808532	811527	717725
Amortization	396243	396243	396243	396243	72243
Interest payment	-315243	-255995	-159608	-30621	
Profit before taxes	168058	147657	252681	384663	645482
20% tax on the first 300,000 euro	33612	29531	50536	60000	60000
25% tax on the remaining profits				21166	86370
Profit after taxes	134446	118125	202145	303497	499111
Liquidity needs	90802	102756	110303	118671	113763
Cash Flow	439887	411612	488085	581069	457591
Debt payment	-225729	-284977	-381364	-510351	
Distribution of dividends	214159	126635	106721	70718	457591

A última localização nos cálculos da simulação é La Muela, em Saragoça. Nesta zona, há cerca de 3000 horas de produção de energia equivalente à potência máxima anual. A baixa velocidade do vento significa um rendimento inferior obtido nesta zona, em comparação com Lugo ou Tarifa. Isto produz uma TIR de apenas 13% calculada da mesma forma conservadora explicada acima, um valor próximo de 10% é considerado razoável para um sistema de turbinas eólicas.

Tal não significa que seja o local ideal para a instalação de um parque eólico. O baixo valor da TIR indica que seria necessário manter os actuais níveis de subsídios para manter a instalação. O Quadro XI apresenta uma amostra dos resultados para o parque eólico de Saragoça.

4. RECOMENDAÇÕES

Uma vez realizada a análise de simulação da instalação de um parque eólico em Espanha com diversas localizações geográficas, é possível concluir que o atual preço regulado da energia eólica é demasiado elevado. A instalação de um parque eólico em qualquer uma das três localizações propostas implica elevados níveis de receitas desde o primeiro ano. Tal implica rendimentos consistentemente elevados, muito superiores ao valor médio de mercado para um investimento com estas caraterísticas. Isto implica que existe uma margem significativa de ação governamental para reduzir o financiamento público e assim reduzir o elevado défice tarifário.

Tendo em conta os resultados da simulação, de acordo com os cálculos efectuados e os pressupostos técnicos, são propostas três soluções que tentam reduzir o défice tarifário. O preço atual corresponde a 90% do preço médio regulado (PMR) para os primeiros 15 anos e a 80% deste valor para os cinco anos seguintes. A nossa proposta consiste em modificar estes coeficientes que determinam as receitas e, por conseguinte, os lucros dos parques eólicos.

QUADRO XII. RESUMO DAS RECOMENDAÇÕES

Scenario	Description	IRR Toque	IRR Tarifa	IRR La Muela
Current system	90% RAP first 15 years 80% RAP years 16 to 20	33%	63%	11%
Proposal 1	80% RAP first 5 years 70% RAP years 6 to 10 60% RAP years 11 to 15 50% RAP years 16 to 20	20%	51%	2%
Proposal 2	70% RAP first 5 years 60% RAP years 6 to 15 50% RAP years 16 to 20	10%	40%	NA
Proposal 3	70% RAP first 5 years 60% RAP years 6 to 10 50% RAP years 11 to 20	11%	38%	NA

A primeira proposta (Tabela XII) seria reduzir o preço regulado da seguinte forma: nos primeiros 5 anos o preço seria 80% da RAP, nos 5 anos seguintes o preço seria 70% da RAP, depois 60% nos 5 anos seguintes e nos últimos 5 anos 50%. Com esta solução, a TIR do parque eólico de Toque cairia para 20%. A segunda proposta seria estabelecer um preço de 70% da RAP nos primeiros 5 anos. De seguida, reduzir este montante para 60% até aos 15 anos seguintes e, finalmente, fixá-lo em 50% nos últimos 5 anos. Com esta solução, o parque eólico representativo de Toque obteria uma TIR de 10%. A terceira opção exigiria o estabelecimento de um preço regulado de 70

% do RAP nos primeiros 5 anos, reduzindo este montante para 60% até ao ano 10 e fixando-o depois em 50% nos últimos 10 anos com apoio público. Esta opção conduziria a uma TIR de 10% para o parque eólico de Toque. Este é um valor aceitável para uma instalação de produção de energia renovável.

A TIR seria de 51% para o parque eólico de Tarifa com a primeira opção, de 40% com a opção 2 e de 38% com a opção 3. Relativamente ao parque eólico de La Muela, Saragoça, a baixa velocidade do vento torna as instalações não rentáveis com as opções 2 e 3 e a TIR na opção 1 seria apenas de 2%.

Finalmente, é apresentado um gráfico que mostra a alteração da TIR para o parque eólico de Lugo em qualquer uma das propostas apresentadas.

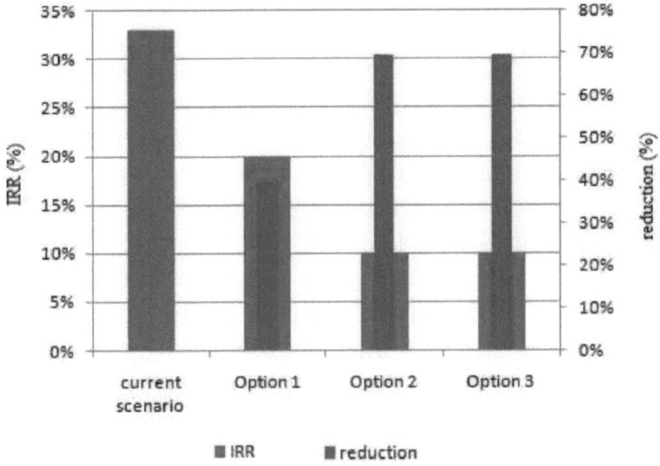

Fig. 4. TIR em Toque (Lugo) com as 3 propostas

Este gráfico mostra que as soluções são mais eficazes quanto mais cedo for reduzida a percentagem do RAP. Há uma diferença notável na TIR da primeira proposta em relação à situação atual e as soluções 2 e 3, com uma redução maior e mais rápida, oferecem resultados mais graves mas eficazes do que a solução 1.

5. CONCLUSÕES

Na última década, a energia eólica tornou-se uma das mais importantes fontes de energia renovável do mundo. É uma energia limpa e reduz o custo total, uma vez que as externalidades e dependências são tidas em conta.

A energia eólica em Espanha começou a ser regulamentada em 1994, embora a primeira lei com incentivos a esta indústria tenha sido adoptada em 1997. Os incentivos ajudaram a desenvolver esta produção de energia ao ponto de ser uma das principais fontes de energia do país. A legislação reguladora não previa a revisão periódica dos incentivos e, a partir de 2006, gerou um défice tarifário cada vez mais elevado. Em 2007 foi estabelecido pela primeira vez o financiamento público máximo, mas este foi excessivo e o défice acumulado continuou a crescer. Só a partir de 2009 a legislação estabelece limites que diminuem o financiamento público. Ainda assim, o défice cresce até julho de 2013, altura em que o governo foi obrigado a tomar medidas que implicaram a abolição da conceção original do sistema de incentivos.

No sector da energia eólica, há quatro países que se destacam pela elevada produção de energia eólica: China, Estados Unidos, Alemanha e Espanha. A Espanha é o quarto país com maior potência eólica em MW (21.674). Este importante potencial de energia eólica é positivo e deve ser preservado sem incorrer numa despesa pública maciça.

A energia eólica tem como contributos positivos para a economia espanhola uma contribuição significativa para o PIB, um excedente na balança comercial e mantém quase 30 000 postos de trabalho. Como aspeto negativo, os incentivos dados a esta indústria não foram absorvidos pelas facturas dos consumidores, pelo que o défice tarifário se tornou um problema para o sector público [16].

A análise de simulação da instalação de um parque eólico que foi efectuada neste artigo mostra que a energia eólica foi sobre-subsidiada até 2013. Em zonas de vento moderado contínuo como em Toques (Lugo), o preço por MW que o financiamento que o governo está a pagar aos produtores de energia eólica proporciona uma taxa interna de rentabilidade superior a 20%. Este valor mostra que a energia eólica é sobre-subsidiada porque, com as condições económicas actuais, não deveria exceder 10% no máximo. Além disso, as subvenções actuais fazem com que parques eólicos que de outra forma não seriam rentáveis, como La Muela, em Saragoça, obtenham uma taxa interna de rentabilidade (TIR) de 11%.

A fim de atenuar o problema do défice tarifário excessivo que afecta a Espanha, as subvenções públicas podem ser reduzidas. Os subsídios podem ser reduzidos para ajudar a reduzir o défice tarifário, mas sem comprometer a continuidade da energia eólica. As soluções propostas neste documento são consideradas eficazes. Consistem na redução do financiamento público desde a fase inicial e na fixação de um lucro máximo para evitar medidas inúteis de promoção do sector. Estas soluções são as únicas formas possíveis de tentar reduzir o défice sem pôr em causa a continuidade dos parques eólicos atualmente instalados.

O decreto-lei de 12 de julho de 2013 confirma o nosso diagnóstico e fixa o financiamento público em função da rentabilidade dos projectos, estabelecendo *um lucro razoável antes de impostos* em comparação com um outro investimento normal com custos de exploração semelhantes. Esta lei parece demasiado restritiva e afectaria a produção de energia eólica em Espanha. Outra crítica é o facto de afetar uniformemente todas as energias renováveis, independentemente da contribuição deficitária de cada uma delas. A contribuição da energia solar para o défice tarifário, por exemplo, é significativamente mais elevada do que a contribuição da energia eólica, facto que deve ser tido em conta.

RECONHECIMENTO

Este trabalho é uma versão actualizada da tese de mestrado do autor, apresentada em cumprimento parcial do Mestrado em Economia Aplicada na Universidade de Alcalá e na Universidade Complutense. Gostaria de exprimir a minha gratidão ao Prof. Covadonga de la Iglesia pela sua excecional supervisão, bem como pelas suas úteis ideias e cuidadosa revisão. Agradeço também os comentários e sugestões úteis de professores e colegas.

REFERÊNCIAS

[1] Molina Ruiz, J., & Tudela Serrano, M. L. (2006). Identificacion de impactos ambientales significativos en la implantación de parques eolicos: un ejemplo en el municipio de Jumilla (Murcia). Investigaciones geograficas, n° 41, 2006; pp. 145-154.

[2] Fried, L., Shukla, S., & Sawyer, S. (2012). Relatório global sobre energia eólica: Atualização anual do mercado 2011. Relatório, Conselho Mundial da Energia Eólica (GWEC), Bruxelas, Bélgica.

[3] Espejo Marin, C. (2004). La energia eolica en Espana. Investigaciones geograficas, (35), 45- 66.

[4] AEE. (2012) Estudio macroeconomico de la energia eolica

[5] Lopez Sako, M. J. (2010). Apoyo publico a la energia eolica en Espana.Revista de derecho, (31).

[6] Gamesa (2013) Informe anual.

[7] Vestas (2013) Relatório anual.

[8] Alstom (2013) Informe anual.

[9] Acciona (2013) Informe anual.

[10] Hirschman, A. O. (1945). National power and the structure of foreign trade (Vol. 17). Berkeley: University of California Press.

[11] Herfindahl, O.C. (1950) Concentration in the steel industry, dissertação de doutoramento, Universidade de Columbia.

[12] Deloitte (2010) Estudio Macroeconomico del Impacto del Setor Eolico en Espana. Madrid: Asociacion Empresarial Eolica.

[13] Alonso Herrero, A. (2007). Viabilidad tecnica y economica de un parque eolico en la provincia de Burgos. U.P. Comillas.

[14] Hau, E., & Von Renouard, H. (2013). Turbinas eólicas: fundamentos, tecnologias, aplicação, economia. Springer.

[15] Aranda Uson, A & Scarpellini, S. (2009) Analisis de viabilidad de las Instalaciones de energias renovables. Prensas Universitarias de Zaragoza (Textos docentes; 169)

[16] Blanco, J. F. (2011). Una reflexión sobre el sistema electrico espanol. *Estudios de economia aplicada, 29(2),* 2-15.

CAPÍTULO 2

Construção de uma estância de esqui nos Pirinéus: Um estudo de rentabilidade.

Resumo

Este projeto de investigação é um estudo sobre a rentabilidade da construção de uma estância de esqui na região oriental dos Pirinéus. Uma vez que uma estância de esqui é um exemplo claro de financiamento de projectos, porque pode ser auto-sustentada através dos fluxos de caixa provenientes da venda de bilhetes, a metodologia que será utilizada será a do financiamento de projectos. O projeto incluirá uma explicação do cálculo das principais demonstrações financeiras que são necessárias para estudar a rentabilidade do resultado. O objetivo final será, através do cálculo da taxa interna de rentabilidade, determinar se é rentável construir um resort na região mencionada.

1. Introdução

A Espanha é um país com um sector turístico muito forte. Acima de tudo, o país é conhecido pelos seus verões quentes e ensolarados e pelas suas longas e acolhedoras praias que atraem turistas de muitos países do mundo (principalmente da Alemanha e do Reino Unido). Embora seja verdade que esta é a forma predominante de turismo, a Espanha tem muitas outras atracções turísticas. Uma delas é a arquitetura das cidades (tem muitos edifícios classificados como Património Mundial pela Unesco). Há ainda o turismo rural e os desportos de inverno. O presente documento basear-se-á no sector das estâncias de esqui, que é a fonte de receitas mais importante para os desportos de inverno em Espanha. O principal objetivo do documento será fazer uma análise da rentabilidade da construção de uma estância de esqui na região dos Pirinéus. Analisará se é rentável construir e gerir uma estância de esqui nesta área, utilizando os preços actuais cobrados por estâncias vizinhas semelhantes para calcular as receitas.

O documento será dividido em diferentes secções. A primeira secção será uma visão geral da situação atual do sector do esqui em Espanha. Explicará as principais áreas (cadeias montanhosas) onde é possível esquiar e as estâncias existentes. Abordarei também a situação económica das estâncias, distinguindo as que são rentáveis das que não o são.

A segunda secção do documento será a primeira parte da análise da rentabilidade da construção de uma estância de esqui no terço oriental dos Pirinéus e do seu financiamento através de project finance. Esta análise começará com uma explicação das caraterísticas do local escolhido para a instalação da estância, centrando-se principalmente na geografia e no clima. A segunda fase será uma análise exaustiva dos riscos da instalação de um resort e das possíveis formas de os mitigar. Em seguida, calcularei o EBITDA e a demonstração de resultados para ter uma ideia dos possíveis resultados financeiros deste sector. Para ser realista, as receitas serão calculadas com base nos preços actuais praticados por estâncias de esqui semelhantes na região.

A terceira secção do documento será a análise de cenários. Serão estudados dois cenários diferentes: um cenário otimista em que existem condições favoráveis que aumentam as receitas e reduzem os custos e um cenário pessimista que será exatamente o oposto. O objetivo desta secção é estudar a sensibilidade das estâncias de esqui a alterações que possam ocorrer, tais como um aumento do preço da eletricidade, uma diminuição da quantidade de neve devido aos efeitos das alterações climáticas ou outros aumentos de custos que possam ocorrer.

A última secção tentará abordar o montante das receitas necessárias para que uma estância de esqui seja bem sucedida e as perspectivas futuras do sector. Será uma tentativa de dar uma ideia de como poderá ser o futuro das estâncias de esqui.

2. Metodologia

Uma estância de esqui preenche as condições necessárias para ser considerada um financiamento de projeto. Requer um investimento inicial importante para construir os teleféricos e o sistema de produção de neve artificial e para preparar o parque de estacionamento e as pistas para a prática do esqui. Há também custos de manutenção e outros custos relacionados com o correto funcionamento da empresa. Mas a construção de uma estância de esqui é um projeto que pode ser auto-sustentado com as receitas geradas pela venda de bilhetes de esqui. É possível pedir a um banco que financie a estância e ter a certeza de que o projeto será capaz de pagar a dívida com as receitas que gera. Por conseguinte, a metodologia a utilizar será a mesma utilizada em qualquer financiamento de projectos.

Em primeiro lugar, é necessário fazer uma pesquisa profunda do sector para encontrar os pontos fracos (riscos) e os pontos fortes. Esta etapa é crucial para decidir a localização da estância. Terá de ser localizada num local onde as condições tornem o desenvolvimento de uma estância de esqui mais provável de ser rentável. Por conseguinte, a primeira parte do projeto, tal como mencionado na introdução, será dedicada a esta pesquisa necessária e à descrição do local escolhido e das razões subjacentes a esta escolha.

A segunda etapa consiste em efetuar os cálculos do financiamento do projeto da estância de esqui. O cálculo começará com a definição dos principais financiamentos, receitas e custos que serão tidos em conta para efetuar a análise. O passo seguinte será o cálculo do EBITDA. O terceiro passo será o cálculo das condições de financiamento do projeto. As condições de financiamento serão seguidas pelos lucros e perdas, que serão seguidos pela demonstração dos fluxos de caixa. O objetivo final é calcular a taxa interna de rentabilidade (TIR) para avaliar se o investimento vale a pena.

Uma vez efectuados os principais cálculos, é altura de proceder à análise dos cenários. Em condições favoráveis, é provável que a maioria dos projectos seja bem sucedida, mas em cenários menos favoráveis as probabilidades não são tão elevadas. No caso da estância de esqui, a análise do cenário basear-se-á no que acontece se, devido a uma crise económica ou a outras razões, o número de esquiadores diminuir e no que acontece se a época de esqui tiver de ser encurtada por não haver neve suficiente para a manter aberta durante toda a época.

A ferramenta que será utilizada para efetuar os cálculos será o Excel. Este programa é útil porque é fácil efetuar cálculos nele. Além disso, ao ligar células e folhas de cálculo, é possível fazer alterações em qualquer parte dos cálculos e ver como isso afecta os fluxos de caixa e o valor da taxa interna de rentabilidade.

3. Esquiar em Espanha: Uma visão geral do sector

3.1 Distribuição das estâncias espanholas

No que diz respeito ao turismo, a Espanha é amplamente conhecida pelas suas praias e pelo seu clima ensolarado e por ter belas cidades (como Barcelona ou Sevilha) com monumentos declarados património mundial pela UNESCO. Todos os anos, milhares de turistas de diferentes nacionalidades visitam as nossas cidades e deslocam-se às nossas estâncias balneares para passar as suas férias. A maior parte das suas receitas, que representam cerca de 12% do PIB do país, provém dos dois tipos de turismo descritos anteriormente, mas, para além disso, há também o turismo rural e as estâncias de esqui. O presente documento basear-se-á nas estâncias de esqui. Esta primeira secção do documento apresentará uma panorâmica do sector do esqui em Espanha.

A Espanha não é definitivamente o primeiro país europeu de eleição para os esquiadores. Países como a Suíça ou a França têm enormes estâncias com excelentes condições de neve. Mas a Espanha é mais do que adequada para a prática do esqui, pois tem muitas cadeias montanhosas onde estão reunidas as condições que permitem a prática de desportos de inverno, como o esqui ou o snowboard.

Existem cinco cadeias montanhosas em Espanha com neve suficiente para permitir a prática de desportos de inverno: os Pirenéus, a cadeia Cantábrica, a cadeia Ibérica, a cadeia Central e a Serra Nevada. Nem todas oferecem as mesmas condições e é possível fazer uma distinção entre as que têm condições de neve muito boas, boas e aceitáveis. As condições muito boas encontram-se apenas no oeste dos Pirinéus (província de Huesca), nas estâncias orientadas para norte do resto dos Pirinéus e na estância da Serra Nevada, no sul do país. As condições são boas no resto dos Pirinéus e aceitáveis nas restantes cordilheiras.

Os Pirinéus são uma cadeia montanhosa situada no Norte do país, entre o Mar Mediterrâneo e o Atlântico. Recebe precipitação abundante ao longo do ano e tem picos superiores a 3000 metros. Por estas razões, é a cadeia montanhosa que tem mais estâncias de Espanha, com 13. A estância da Serra Nevada, no Sul, tem o privilégio de ser a estância mais alta do país. É por esta razão que esta estância goza de excelentes condições na maioria dos anos, com uma época de esqui que se pode prolongar até ao início de maio.

As outras 3 cordilheiras têm 12 estâncias, mas as condições são apenas aceitáveis. A queda de neve não é fiável devido ao clima mediterrânico e à sua baixa altitude (menos de 2200 metros). Os anos de considerável falta de neve alternam com alguns anos bons, mas a época é mais curta e requerem uma produção abundante de neve artificial. Este facto torna a sua manutenção dispendiosa.

As estâncias destinam-se principalmente ao esqui alpino e ao snowboard, mas algumas oferecem o esqui do Norte. Este tipo de esqui é menos dispendioso, uma vez que não necessita de muitos teleféricos (apenas a preparação da pista e a compactação da neve), mas os bilhetes são muito mais baratos, pelo que não gera receitas importantes. Exemplos de estâncias de esqui do Norte incluem Rasos de Peguera, na Catalunha, ou La Ragua, na Serra Nevada (muito perto da estância da Serra Nevada). Como não é comum e traz poucas receitas, não incluirei o esqui do Norte na análise do relatório sobre o esqui que irei efetuar.

3.2 Produção de neve artificial: um imperativo hoje em dia

A prática do esqui em Espanha remonta a 1908. Nesse ano, a montanha de La Molina viu os seus primeiros esquiadores a praticar telemark e Stemmbogen (as primeiras modalidades de esqui). Graças à chegada do primeiro comboio em 1922, a montanha ganhou popularidade e nos dois anos seguintes muitas pessoas visitaram esta montanha. Nesta fase inicial, os esquiadores tinham de caminhar até ao topo da montanha, uma vez que não existiam teleféricos. O primeiro teleférico foi construído em 1943 e o segundo apenas três anos mais tarde. Entre 1950 e 1970, a estância expandiu consideravelmente a sua área de esqui para se tornar a estância de esqui de referência no país. Durante estas três décadas, La Molina teve a sua própria equipa de gestão, apenas para a estância. Em 1985, a estação passou a fazer parte dos Ferrocarrils de la Generalitat de Catalunya (FGC) e assim se manteve até à atualidade.

Desde o seu início, em 1908, até à década de 1970, a estância de La Molina contou com uma abundante queda de neve. É claro que algumas estações foram melhores do que outras, mas, em geral, a neve era bastante fiável e a estação com ausência significativa de neve era rara. Quando a estância abriu pela primeira vez, era possível esquiar a partir da aldeia de La Molina (situada a uma altitude de 1400 metros). Com o passar do tempo, La Molina registou um aumento progressivo das temperaturas e uma diminuição da quantidade de neve. Como resultado, tornou-se cada vez mais difícil manter a pista inferior aberta, até que deixou de ser possível. Atualmente, só é possível esquiar a partir de uma altitude de 1700 metros. (La Molina)

No final da década de 1980, tornou-se evidente que era necessário que as estâncias encontrassem uma forma de produzir neve para garantir a abertura no início da época (desde que as temperaturas se mantivessem abaixo de zero durante a maior parte do dia). O esqui é sazonal e tem períodos de pico. Cerca de 40 % das receitas são obtidas no fim de semana de férias do início de dezembro e durante o período de Natal. Por conseguinte, é essencial que haja neve desde o início da época. Isto pode ser garantido através da produção de neve artificial. A produção de neve artificial é essencial no esqui profissional. Nos últimos anos, muitas corridas foram salvas graças à produção de neve artificial. Quando as condições são ligeiramente mais amenas do que o habitual, esta técnica pode ser a única forma de garantir a existência de neve suficiente nas altitudes mais baixas da pista onde se espera que a competição tenha lugar. (Steger, Robert)

A produção de neve artificial funciona da seguinte forma. É necessário construir uma série de máquinas de fazer neve interligadas com acesso a uma fonte de água. Quando as temperaturas estão abaixo de zero e há um certo nível de humidade, estas máquinas libertam água pressurizada que se transforma em neve ao entrar em contacto com o ar frio. A neve produzida é totalmente válida para esquiar sobre ela. Hoje em dia, cada máquina está equipada com um termómetro para detetar quando estão reunidas as condições para produzir neve artificial. No início, a produção de neve artificial só podia ser utilizada para reforçar a neve existente, mas não para cobrir uma encosta de urso. (Steger, Robert)

3.3 Situação económica das estâncias de esqui em Espanha. Panorama geral centrado na Catalunha

A análise do sector das estâncias de esqui será dividida em três partes. A primeira parte será constituída pelas estâncias de esqui do Sistema Central (Valdesqui, Navacerrada, Sierra de Bejar e la Pinilla) e pelas estâncias de Javalambre e Valdelinares. A segunda parte basear-se-á nas estâncias da Cordilheira Cantábrica. A última parte analisará os Pirinéus e a Serra Nevada.

O primeiro grupo de estâncias tem em comum a falta de fiabilidade da queda de neve. Estâncias como Navacerrada ou La Pinilla estão localizadas a menos de uma hora de carro de Madrid, o que significa que têm clientes suficientes, pelo que deveria ser possível que estas estâncias fossem rentáveis. No entanto, não é esse o caso devido à falta de fiabilidade da neve. A época de esqui é muito curta, começando por vezes no início ou em meados de janeiro e terminando sempre antes do final de março. Algumas épocas são ainda mais curtas, como no ano passado, quando as condições não permitiram a abertura das estâncias até meados de fevereiro e as estâncias só puderam permanecer abertas durante 6 semanas. A produção de neve artificial é útil, mas é dispendiosa e nem sempre resolve o problema. No caso das outras duas estâncias, estão próximas de cidades como Castellon ou Teruel, pelo que têm clientes suficientes, mas a sua baixa altitude faz com que a neve não seja muito fiável. Globalmente, em termos de rentabilidade, não seria aconselhável explorar estâncias de esqui nestas zonas, mas as estâncias mantêm-se devido aos benefícios associados ao turismo e à criação de emprego.

Relativamente ao segundo grupo, as estâncias da Cordilheira Cantábrica têm um problema semelhante. Estão localizadas no Norte do país, numa cadeia montanhosa que tem um clima oceânico com precipitação abundante durante todo o ano. Mas a baixa altitude das estâncias, todas elas abaixo dos 2000 metros, significa que as estâncias vêem uma mistura de chuva e neve durante o inverno. Com estas condições, é difícil gerir uma estância lucrativa. Estas estâncias têm um problema adicional, pois estão localizadas longe das grandes cidades e não têm importantes estâncias turísticas nas proximidades, o que significa que não têm a disponibilidade de clientes necessária para gerar benefícios económicos.

O terceiro sector de análise é o mais importante: A Serra Nevada e os Pirinéus. Ambos têm altitudes elevadas e uma queda de neve fiável. No entanto, no que se refere à rendibilidade, apenas duas estâncias apresentam resultados financeiros positivos: Baqueira Beret e Masella. Todas as outras estâncias registaram perdas no período de 2007-2015. A Tabela 1 representa os resultados financeiros das estâncias de esqui da Catalunha (em milhares de euros). Em relação ao resort de Sierra Nevada, fechou 2015 com um benefício de 2,6 milhões de euros. Sierra Nevada é outro resort lucrativo devido à alta altitude que possui, confiabilidade da queda de neve e a distância próxima de cidades como Granada ou Málaga. É claro que o benefício nem sempre foi positivo (em anos de condições de neve muito más ou após um investimento importante na estância) mas, em geral, pode dizer-se que é rentável. (Sanchez Pulido, Laura)

Quadro 1. Resultados financeiros das estâncias de esqui da Catalunha. Fonte: estâncias e documento de Laura Sanchez Pulido.

	2007	2008	2009	2010	2011	2012	2013	2014	2015
Baqueira Beret	3700	3750	3800	3850	2100	2200	2400	2400	2450
Masella	100	300	600	600	500	300	150	150	-
Vallter 2000	-300	-300	-50	-150	-150	-1000	-750	-500	-750
Boi Taull	-4000	-5500	-5100	-3000	-3000	-15450	-	-	-
Val de Nuria	-2600	-2600	-2700	-3200	-3300	-3200	-3000	-3500	-2500
La Molina	-2050	-2000	-2050	-3000	-2950	-3000	-2950	-2950	-3000
Espot Esqui	-	-	-	-	-2000	-2100	-2050	-2100	-2000

- Não disponível

4. Análise da rentabilidade da construção de uma estância de esqui nos Pirinéus Orientais

4.1 Principais caraterísticas do projeto

4.1.1 Localização

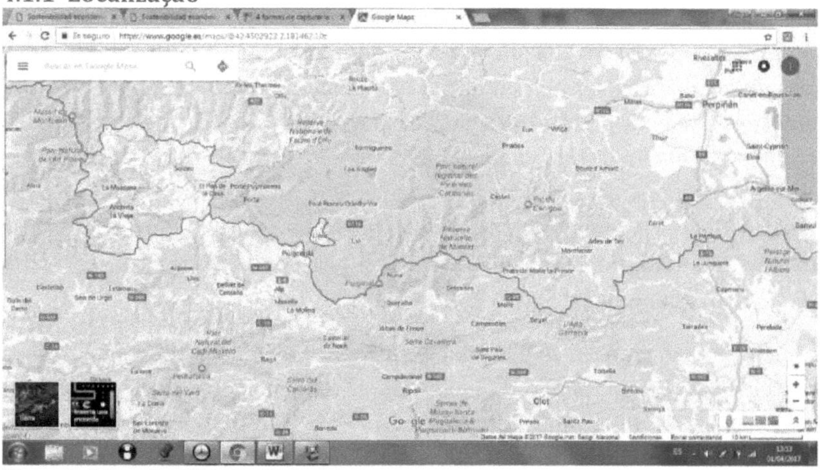

Figura 1. Mapa dos Pirinéus Orientais.
Fonte: Google maps

O primeiro aspeto a ter em conta na construção de uma estância de esqui é a sua localização. A figura acima (figura 1) é um mapa da metade oriental dos Pirinéus (do Google Maps). De acordo com a FGC (a empresa responsável pela maioria das estâncias de esqui na Catalunha), uma estância de esqui tem de cumprir algumas condições para ser rentável. A primeira condição é que não deve estar a mais de duas horas de carro das principais cidades. Para além disso, qualquer estância de esqui deve também ter, pelo menos, 40 km de pistas, pelo menos 250000 esquiadores por época e um preço médio mínimo dos bilhetes de, pelo menos, 20 euros. Por último, e para garantir a disponibilidade de neve, a estância de esqui tem de ter uma altitude mínima de 1600 metros, um bom sistema de produção de neve artificial para a parte inferior da estância (1600 a 1900 metros) e ter a maioria das suas pistas orientadas para Norte. É também crucial ter espaço suficiente para estacionamento e outras instalações (como a escola de esqui ou a cafetaria).

Tendo em conta todos os factores anteriormente mencionados - na metade oriental dos Pirinéus - a localização mais adequada para construir uma estância será perto de Andorra, entre as estâncias de Grandvalira e Porte-Puymorens. Ambas as estâncias estão separadas por uma distância de aproximadamente 5 km e a área é mais do que adequada para a prática de esqui. Em primeiro lugar, a maior parte das pistas situar-se-á a uma altitude superior a 1900 metros e estará orientada para Norte para uma melhor conservação da neve. Além disso, a zona é a mais húmida desta região dos Pirinéus, o que significa que a neve é garantida durante a maior parte das estações. Finalmente, o terreno cumpre os requisitos, pois não é demasiado íngreme nem demasiado rochoso, o que tornaria muito difícil a preparação das pistas para a prática de esqui. A figura 2 abaixo é um mapa retirado do Google Earth que mostra o local escolhido. A ideia deste local não é nova, pois houve um projeto de construção de uma estância nesta região (chamado "porte des neiges"), mas não foi avante por razões ecológicas. A construção desta estância significaria ligar de facto as duas estâncias existentes com uma nova. Os ecologistas receavam que isso pudesse atrair mais turistas do que a área pode suportar, resultando numa deterioração da paisagem natural. No entanto, do ponto de vista financeiro, faz sentido. As estâncias vizinhas de La Molina e Masella e Grandvalira registaram, respetivamente, 330 000, 380 000 e 1,65 milhões de esquiadores nesta época (acima do mínimo de 250 000 para ter uma estância de esqui rentável), pelo que é seguro assumir que este número também é alcançável para a nossa estância. (Nevasport, maio de 2017)

A questão mais importante que precisa de ser respondida quando se constrói uma estância de esqui é se haverá esquiadores suficientes a visitar a estância. O local escolhido fica a menos de duas horas de carro de cidades importantes como Girona, Barcelona ou Toulouse. A estância fica também perto do importante vale de "La Cerdanya", que alberga muitas aldeias onde os potenciais clientes podem passar a noite. A maioria dos clientes viaja de carro para essas aldeias (e fica em hotéis ou nas suas casas) e depois esquia durante o dia na nossa estância. O resto dos clientes será constituído por clientes internacionais que comprarão um pacote de férias de esqui e passarão alguns dias a esquiar na região. Para analisar o número potencial de esquiadores que poderão vir para a estância, é essencial conhecer a situação do mercado de esqui na região. Uma das secções anteriores já descreveu a situação atual das estâncias de esqui espanholas, mas agora vamos dar uma visão mais detalhada do mercado das estâncias francesas, de Andorra e da Catalunha.

De acordo com as memórias do FGC e com as páginas Web de Masella e Baqueira Beret, o número de esquiadores na Catalunha manteve-se estável durante a última década. Cerca de 2 milhões de esquiadores visitaram as estâncias todos os anos, com lucros totais de cerca de 42 milhões de euros (preço médio dos bilhetes de esqui ligeiramente superior a 20 euros, exceto em Baqueira, onde os preços são muito mais elevados). No caso da França, o número de esquiadores para os Pirenéus franceses manteve-se estável na última década em cerca de 5 M. Os retornos foram de 100M €, o que dá um preço médio de 20 € (skipass 2016). Andorra, a competência mais direta do nosso resort recebeu um total de 2,5 milhões de esquiadores. O preço médio do bilhete foi de 35 € sem impostos (retornos totais de mais de 55 M €). Toda a informação anterior pode ser resumida nos dois gráficos seguintes (o primeiro de França e o segundo de Andorra). A figura seguinte (figura 2) mostra a evolução do volume de negócios e do número de dias de esqui durante a última década. Embora seja verdade que este número representa todas as estâncias francesas dos Pirinéus, pode ser utilizado neste documento para calcular o número de esquiadores que se pode esperar que utilizem a nossa estância.

O facto de construir uma estância de alta altitude provou atrair turistas internacionais. Os viajantes que procuram neve escolherão uma estância onde haja mais garantias de ter neve e a nossa estância adequa-se perfeitamente. Os turistas internacionais serão os principais clientes que comprarão passes de 4 dias

Graphique n° 1 : évolution du chiffre d'affaires total (en € – échelle de gauche) et du nombre de journées-skieurs (échelle de droite)

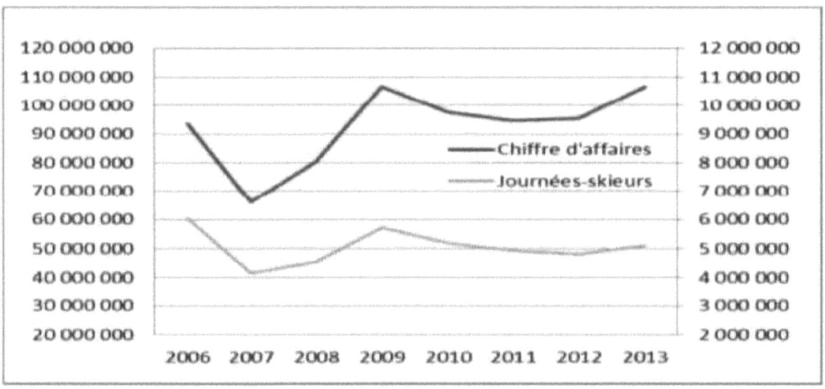

Source : Domaines skiables de France

Figura 2. Evolução do volume de negócios e do número de esquiadores das estâncias dos Pirinéus

franceses.
Fonte: skipass 16 de março de 2014

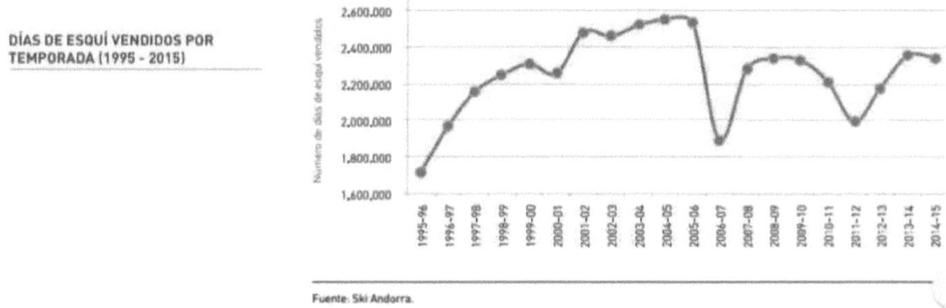

DOMINIOS ESQUÍ	Km. de pistas	Remontes (pax/h)	Forfait diario (precio medio)	Forfait 5 días (precio medio)
GRANDVALIRA	210	100.700	45,0 €	201,3 €
VALLNORD	93	55.690	36,0 €	160,0 €

Figure 3. Dias de esqui vendidos por época.
Fonte: http://www.estadistica.ad/serveiestudis/publicacions/Publicacions/Andorra%20en%20Xifres cast.p df

A figura acima (figura 3) mostra a evolução do número de esquiadores ao longo da última década. Nela, é possível observar a forte ligação entre a saúde da economia e o número de passes de esqui vendidos. Por exemplo, em 2011, como resultado da crise financeira em Espanha, houve uma diminuição de 20% no número de esquiadores em relação a 2009.

Com um mercado estável, parece óbvio que o fenómeno conhecido como canibalização terá de ocorrer para que a nossa estância tenha esquiadores. Este fenómeno refere-se ao facto de, quando é construída uma nova estância, alguns esquiadores das estâncias vizinhas deixarem de frequentar a estância anterior e passarem a frequentar a nova estância. Para que isso aconteça, a nova estância tem de ter algumas caraterísticas atractivas. A nossa estância terá boa qualidade e quantidade de neve na maioria dos anos, uma vez que está localizada a uma altitude elevada e tem a maioria das suas pistas orientadas para norte. Além disso, ofereceremos um preço muito atrativo de 30 euros, inferior a 35 euros/dia, que é a média em Andorra, para os bilhetes diários, o que atrairá certamente os esquiadores para a nossa estância. Depois de a experimentarem, através do boca-a-boca, é provável que mais esquiadores visitem a estância, pelo que teremos clientes suficientes. Como será explicado mais adiante na secção das receitas, partiremos do princípio de que aproximadamente 20% dos esquiadores que atualmente esquiam nas estâncias vizinhas se deslocarão para a nossa estância, o que representa um total de 549600 esquiadores.

4.1.2 Descrição do projeto

O projeto consistirá na construção de uma estância que ligará as estâncias existentes de Porte Puymorens, em França, e Grandvalira, em Andorra. O projeto, tal como referido nas secções anteriores, basear-se-á no projeto anterior denominado Porte des neiges. A ligação entre as duas estâncias exigirá a construção de teleféricos que atravessem os vales que as separam e também a criação de novas pistas.

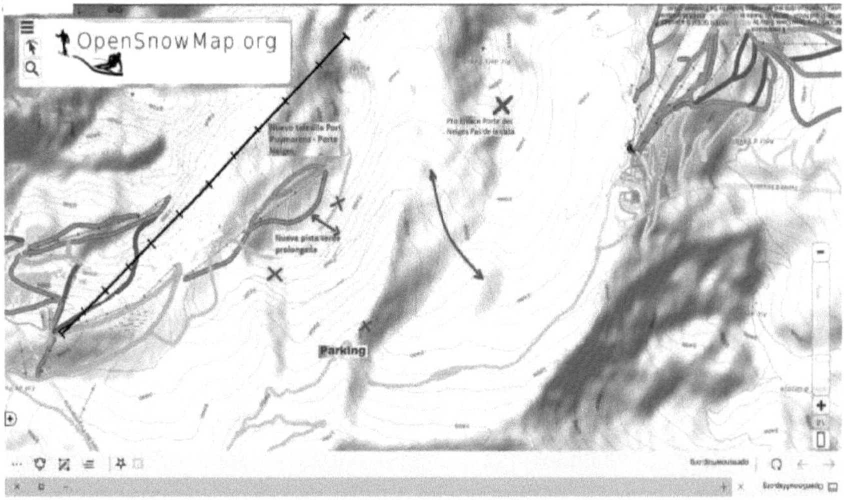

Figura 4. Mapa regional da área onde o resort será construído

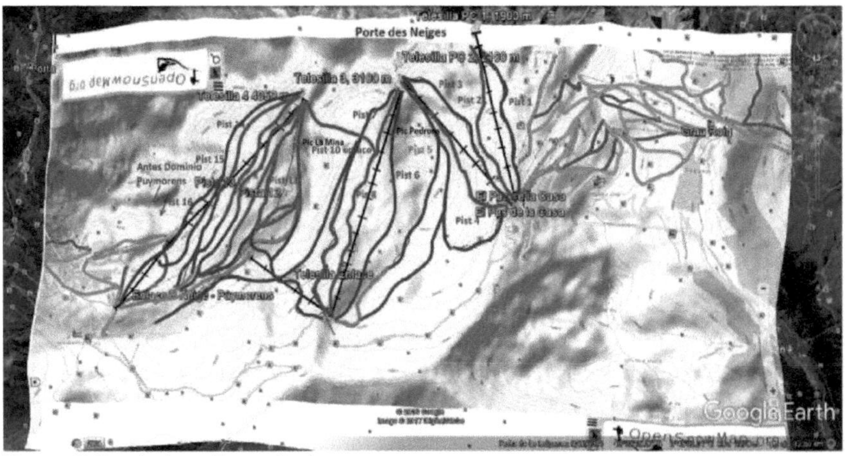

Figura 5. Possível configuração do resort.

As duas figuras anteriores mostram um mapa do terreno onde a estância será construída e uma possível disposição das pistas e elevadores que poderá ter. Ambos os mapas foram retirados do sítio Web opensnowmap.org. A ferramenta Google Earth foi utilizada para calcular o comprimento dos teleféricos e das pistas. Como se pode ver na figura 4, a estância terá cinco teleféricos, todos eles de cadeira. Haverá um teleférico longo de cinco quilómetros, um teleférico pequeno de um quilómetro que ligará dois sectores da estância e três teleféricos médios de cerca de três quilómetros. A estância terá cerca de 17 pistas com um total de 50 quilómetros (mais do que o mínimo de 40 km exigido para ter uma estância rentável). Um resumo do comprimento e da descida vertical das pistas pode ser consultado na tabela seguinte.

Tabela 2. Descrição dos percursos da estância.

Run	Length in meters	Vertical descent (m)
Nr 1	2.190	350
Nr 2	2.230	350
Nr 3	2.550	465
Nr 4	2.560	465
Nr 5	3.160	585
Nr 6	3.370	630
Nr 7	3.390	565
Nr 8	3.360	560
Nr 9	3.460	555
Nr 10	3.850	360
Nr 11	2.180	350
Nr 12	2.950	410
Nr 13	2.110	320
Nr 14	2.960	405
Nr 15	3.360	460
Nr 16	3.410	460
Link 1	2.400	480
Link 2	1.350	160
Total	50.840	

Fonte: elaboração própria com a ajuda do Google Earth para calcular as distâncias.

4.1.3 Análise e atenuação dos riscos

O objetivo desta secção é analisar os riscos associados à construção de uma estância de esqui. Começará por descrever os diferentes riscos deste sector e, em seguida, explicará as possíveis formas de os atenuar. A secção incluirá os riscos mais relevantes: ambientais, físicos, económicos...

O principal risco que qualquer estância de esqui tem de enfrentar é a variabilidade climatérica. Apesar de o local escolhido ter precipitação abundante e estar situado a uma altitude que deveria proporcionar condições de neve fiáveis, existe sempre o risco de a neve não cair a tempo

para o início da época. Os primeiros dias de dezembro e o período do Natal são críticos, pois representam cerca de 30% das receitas anuais. A única forma de garantir que haverá neve suficiente para abrir durante este período (desde que esteja suficientemente frio) é através de uma extensa rede de produção de neve artificial. A rede deve abranger as pistas mais baixas, uma vez que são mais susceptíveis de sofrer com a falta de neve, e pelo menos 20% da secção superior da estância. (Pons et al, 2014).

O segundo risco que uma estância enfrenta tem a ver com falhas tecnológicas. As estâncias de esqui dependem do correto funcionamento dos teleféricos. Se estes falharem, a estância não pode abrir. Este risco pode ser atenuado através da assinatura de uma garantia e de um bom contrato de manutenção com o fornecedor. No caso de um teleférico não funcionar corretamente, o fornecedor terá de compensar a estância pelos prejuízos.

Relativamente aos ascensores, é importante mencionar o risco de o custo dos ascensores se revelar mais caro do que o previsto anteriormente. As razões para este aumento dos custos podem ser um atraso no período de construção ou custos mais elevados do que a média devido a dificuldades em lidar com o terreno (por exemplo, um terreno íngreme que torna muito dispendioso o transporte das diferentes partes do elevador). A forma de mitigar este problema é efetuar um estudo aprofundado do local e fazer com que a empresa de construção assine um contrato que inclua uma compensação em caso de atrasos.

O quarto risco que vale a pena mencionar é o risco ambiental. Trata-se do risco de o projeto poder ser rejeitado por razões ambientais. O nosso projeto visa o desenvolvimento sustentável de uma estância de esqui. Para o efeito, ampliaremos o parque de estacionamento existente em Puymorens, construiremos um novo parque de estacionamento (mais pequeno do que o outro), numa área sem árvores, de modo a não ser necessária qualquer desflorestação, e construiremos o menor número possível de edifícios para minimizar qualquer impacto no ambiente. Não é possível garantir totalmente que o projeto não será rejeitado, mas o projeto terá motivos limitados de preocupação ambiental.

Além disso, existe a preocupação de que a utilização da estância possa prejudicar o ambiente. Por exemplo, os esquiadores podem gerar resíduos que, se deixados nas pistas, podem danificar seriamente o ambiente. Embora isto seja verdade, trata-se de um problema fácil de resolver. Deveria haver perto dos principais elevadores e da cafetaria, na parte inferior, caixotes do lixo onde os esquiadores pudessem deitar os seus resíduos. Depois, os trabalhadores podem tentar limpar no final do dia, quando os esquiadores abandonam a estância. Os empregados encarregados de fechar as pistas podem certificar-se de que tudo fica limpo. É importante fazer isto todos os dias para que o lixo não se acumule. Podem ser feitos mais esforços para limpar a montanha à medida que a neve derrete no final da época, especialmente nas zonas de mais difícil acesso quando há neve e gelo. É claro que não é possível cobrir 100% da montanha, mas os efeitos negativos que esta questão poderia ter podem ser minimizados.

Outro risco que tem de ser tido em conta é o risco de o número de esquiadores poder diminuir devido, por exemplo, a uma diminuição da quantidade de neve que desencoraje os esquiadores de visitar a estância ou a uma crise financeira. A crise financeira significa que os turistas têm menos dinheiro para gastar, o que se traduz em menos esquiadores para a nossa estância e, consequentemente, em receitas mais baixas. Não há muito que possa ser feito para se proteger contra os efeitos negativos de uma crise financeira. A estância pode tentar reduzir os custos contratando menos empregados para a época ou baixando ligeiramente os salários que paga.

Outros riscos que devem ser considerados são os incêndios/acidentes e a volatilidade dos preços da eletricidade. O risco de sofrer acidentes ou incêndios pode ser tratado através de seguros, enquanto que para o risco de uma mudança súbita no preço da eletricidade a estância pode comprar instrumentos financeiros (como opções ou futuros) para se proteger contra este risco. No caso de um aumento de impostos no decurso de uma época, os gestores terão de traduzir o aumento nos preços dos bilhetes. Os titulares de passes de época não serão afectados por esse aumento.

4.1.4 Receitas

a) inverno

Como é comum nas estâncias de esqui, a principal fonte de receitas provirá da venda de bilhetes de esqui. Serão vendidos três tipos diferentes de bilhetes: bilhetes para a época, bilhetes para um único dia e bilhetes para dias consecutivos (de 2 a 6 dias). Para efeitos do presente projeto e para simplificar os cálculos, parte-se do princípio de que os esquiadores só podem comprar um passe de época, um bilhete de 4 dias ou um bilhete de um dia. Apenas serão tidos em conta os preços dos adultos; não serão tidos em conta os preços das crianças e dos jovens. O preço dos bilhetes será ligeiramente superior aos preços praticados por Porte (uma estância de média dimensão com 40 km de pistas), mas significativamente inferior aos preços praticados pela estância de Grandvalira, em Andorra (uma grande estância com quase 200 km de pistas). A tabela abaixo mostra os preços cobrados por ambas as estâncias para os bilhetes mencionados para adultos.

Quadro 3. Preços dos bilhetes nas estâncias de esqui de Grandvalira e Porte Puymorens

	Grandvalira	Porte Puymorens
Single day	47€	30€
4 days	174€	105€
Season pass	793€	383€

Fonte: páginas Web das estâncias turísticas

Na nossa estância, os bilhetes de um dia serão vendidos a um preço fixo de 30 euros, os bilhetes de 4 dias a um preço de 120 euros e os passes de época a um preço de 500 euros. Pode parecer estranho ver que vamos cobrar pelos bilhetes de um dia o mesmo preço que Porte, quando a nossa estância tem

10 quilómetros de pistas suplementares. A razão para este preço é o facto de podermos atrair mais esquiadores. O aumento esperado do número de esquiadores deverá compensar a possível diminuição das receitas resultante da redução do preço. Para a maior parte deste projeto, vou considerar que o número de esquiadores se mantém constante, pelo que as receitas aumentarão apenas devido à taxa de inflação (será considerada uma taxa de inflação de 2%). A secção de análise de cenários analisará o que acontece quando o número de esquiadores não é constante, mas diminui devido a uma crise financeira ou à falta de neve.

A percentagem de passes de temporada vendidos será muito baixa, 5.000 ou cerca de 1,35% do total de bilhetes vendidos. A razão para tal é que apenas os residentes em Andorra e nos arredores da estância de esqui e muito poucos outros comprarão este tipo de passe. Um passe de temporada requer pelo menos 15 dias de esqui para valer a pena ser comprado e consideraremos que cada esquiador utilizará o passe num total de 25 dias (isto é uma suposição). Os passes de quatro dias serão comprados principalmente por turistas que pretendam passar alguns dias a esquiar na mesma estância. No total, serão vendidos 20 000 passes deste tipo, o que representa cerca de 5,4 % do total. Os restantes serão bilhetes diários.

Para calcular as receitas, a época será dividida em duas: época alta e época baixa. A época alta inclui o período de 6 a 10 de dezembro, o período de Natal (2 semanas), 4 fins-de-semana em fevereiro e as férias da Páscoa (10 dias). Isto perfaz um total de 37 dias de época alta. Os restantes 127 dias serão considerados época baixa.

A estância disporá de dois parques de estacionamento com uma capacidade acumulada para 8000 esquiadores. Durante a época alta, o parque de estacionamento terá uma taxa de ocupação de 80 % (6400 esquiadores). No resto da época, a taxa de ocupação será de 35 % (2800 esquiadores). O número de esquiadores por época será a capacidade do parque de estacionamento da estância multiplicada pela taxa de ocupação na época alta e pelo número de dias da época alta, mais a capacidade do parque de estacionamento da estância vezes a taxa de ocupação na época baixa vezes o número de dias da época baixa. Isto dá um total de 549.600 esquiadores por época.

Para saber exatamente quantos esquiadores irão comprar os passes de um dia, é essencial saber o número de dias de esqui que os outros dois passes representam. Em primeiro lugar, para os passes de temporada, o número de dias de esqui pode ser calculado multiplicando o número de passes vendidos (5.000) pelo número médio de dias que cada utilizador irá esquiar. Isto dá um total de 125.000 dias. Para os bilhetes de 4 dias é muito simples: basta multiplicar o número de passes (20.000) por 4, o que dá um total de 80.000 dias. O restante (344.600) será o número de passes diários que serão vendidos.

Por último, as receitas serão calculadas multiplicando o número de passes de cada tipo que serão utilizados pelo seu preço. Este cálculo dá um total de receitas de 15,238 milhões de euros. O pressuposto de um total de 549600 esquiadores por época é razoável porque, como já foi referido, o mercado de esqui na região tem-se mantido estável na última década. Isto significa que os esquiadores têm de vir de estâncias vizinhas. O número total de esquiadores em todas as estâncias vizinhas totalizou cerca de 2,8 milhões (2,4 milhões em Andorra e os restantes das restantes estâncias), pelo que é seguro assumir que cerca de 20% virão para a nossa estância.

b) verão

Esquiar no verão é obviamente impossível, uma vez que Espanha e o Sul de França não dispõem de nenhum local de esqui glaciar. No entanto, os turistas visitam a área durante esta estação para actividades de trekking. As estâncias de esqui como La Molina ou Font Romeu abrem um teleférico durante os meses de pico do verão. Esta poderia ser uma atividade possível para a estância, mas é muito pouco provável que seja rentável. Por conseguinte, não incluirei qualquer fonte de rendimento adicional derivada dos meses de verão, uma vez que faz pouco sentido.

c) Resto do ano

A estância estará completamente encerrada fora da época principal de esqui. Durante o outono, será efectuada uma manutenção para garantir um bom início da época seguinte. Não é esperada muita atividade em maio e junho.

4.1.5 Custos

São muitos os custos com que uma estância de esqui tem de lidar. Para compreender a importância de cada custo para a estância, é útil analisar o que está por detrás do preço de um bilhete de esqui. Cerca de 30,2% do preço de um bilhete é utilizado para pagar os salários dos empregados. Outros 21,1% representam impostos pagos ao governo. Outros 18,7% do preço correspondem às despesas da estância (elevadores, produção de neve, máquinas de manutenção...). Os restantes 30% incluem custos de energia, taxas administrativas, taxas de manutenção e outras taxas. (Infografia)

O primeiro custo que será descrito é o custo da produção de neve artificial. A neve artificial é necessária para garantir que haverá neve suficiente no início da época e que a época terá a duração desejada. As máquinas de produção de neve utilizam uma combinação de ar e água para produzir a neve. Com temperaturas negativas e um nível adequado de humidade, libertam água pressurizada que se transforma instantaneamente em neve e permanece no solo.

As estâncias de esqui têm normalmente entre 25 e 60% da sua superfície coberta por neve artificial. A proposta para esta estância consiste em cobrir com neve artificial 11 quilómetros com uma largura média de 30 metros. Isto representa 330.000 m2 ou 33 hectares. Para cobrir esta superfície com neve com uma profundidade de 0,7 metros, são necessários 231 000 metros cúbicos de neve. Isto requer 92.400 metros cúbicos de água (2,5 m3 de neve por m3 de água) que serão fornecidos através da construção de um reservatório com uma capacidade de 50.000 m3 que será enchido duas vezes. O dinheiro que terá de ser investido para construir o reservatório será de 1,5 M € (30€/m3 de água, será tratado como CAPEX). De acordo com os cálculos efectuados por um estudo da estância de esqui de Puy-Saint-Vincent, cobrir 11 km de pistas com neve é o equivalente a instalar 66 canhões de neve. Os investimentos totais necessários para a produção de neve artificial podem ser resumidos na tabela seguinte (os 1,5 M do reservatório não estão incluídos)

Quadro 4 Investimento necessário para a rede de fabrico de neve artificial

concept	quantity	Price/ quantity	Total €
Installation of water pipes for cannons	15000 meters	130€ /meter	1.950.000
Bombs to move water	2	50000€	100.000
Regular cannons	66	14000€ /unit	925000
Special cannons	4	35000/unit	140.000
Additional pipes	1		55000
		Total snow cannons	**3.100.000**

Fonte: projeto de ampliação da estância de esqui Puy Saint Vincent. DREAL Provence-Alpes-Cote-d'Azur. http://hmf.enseeiht.fr/travaux/bei/beiere/content/2015/hypothese-dagrandissement-du-domaine-skiable

As pistas de esqui requerem uma preparação do terreno, incluindo a deslocação de terras. Para construir a estância descrita na secção anterior, é necessário um investimento de 1,5 milhões de euros. Para além disso, há o custo de construção dos teleféricos. Um teleférico modem para 6 pessoas tem um custo médio de 6 a 7 milhões de euros. Uma cadeira elevatória para 4 pessoas ou uma gôndola custará um pouco menos (Infographie). Os teleféricos de solo são menos dispendiosos, mas são muito ineficazes, pois têm uma capacidade muito limitada de esquiadores por hora. No que diz respeito às máquinas de limpeza de esquis, o seu preço varia entre 200 000 e 300 000 euros. A estância proposta terá um total de 5 telecadeiras (uma para quatro pessoas e as outras cinco para seis). Para além disso, terá também um total de 10 máquinas de limpeza. Os custos totais até à data ascendem a 33 milhões de euros (3 milhões para as máquinas de limpeza e o restante para os teleféricos). (http://www.montagneleaders.fr/sites/default/files/reportage/ML/ml253/01rm-neuves.pdf)

A parte final do investimento inicial é a que diz respeito ao parque de estacionamento.

O projeto inclui a ampliação do parque de estacionamento existente na estância de Puymorens para 100 000 m2 e a construção de um novo parque de estacionamento de 24 000 m2. O primeiro parque de estacionamento será

têm uma capacidade para 6.000 esquiadores. O segundo parque de estacionamento servirá aproximadamente 2.000 esquiadores. O investimento necessário para o primeiro parque de estacionamento pode ser dividido em:

- Nivelamento do terreno: 60000 m3 a 6€/m3= 360000€
- Extensão da enxada com 20 cm de altura: 100000*0,2* 15€/m3= 300000
- Extensão e compactação de MBC (6 cm de altura): 100000*0,2*2,4TM/m3= 14400 TM*45€/tm= 650000€
- Outros: 40000€

Fonte: projeto de pavimentação ELCHE.

http://tramitarahora.ajuntamentdelx.es/CONTRATACIONYSERVICIOS/PROYECTOS/caminos%20rurales%20en%20zahorras%20y%20asfalto/proyecto-ZNortel.pdf

O segundo parque de estacionamento, embora mais pequeno, exige um investimento mais elevado. Isto deve-se ao facto de ser necessário deslocar 300000m3 de solo, o que tem um custo estimado de 3200000. O segundo parque de estacionamento inclui também a construção de 500 m2 com um custo de 600000 €. O investimento total de Capex ascende a mais de 45 M €. Pode ser resumido no quadro seguinte.

Quadro 5. CAPEX

concept	€
4 chair lifts 6 places	26,000,000
1 4 place chair lift	4,000,000
Runs	1,500,000
Grooming machines	3,000,000
Water reservoir	1,500,000
Snow cannons	3,100,000
Parking 1	1,350,000
Parking 2	3,800,000
other	800,000
Total	**45050000**

Para além do Capex, há outros custos que devem ser considerados. Em primeiro lugar, há o custo de manutenção. Os elevadores necessitam de manutenção para funcionarem corretamente. A estância investirá 50 % do montante investido na construção dos elevadores na manutenção. Isto representa um total de 15 milhões de euros ou 750 000 euros por época.

Como em todas as empresas, a estância de esqui requer a contratação de empregados. Alguns empregados irão vender bilhetes, outros irão supervisionar os elevadores e o diretor e o consultor financeiro da estância serão responsáveis por analisar todos os resultados financeiros da estância. A estância terá um total de 30 empregados. Cada empregado receberá um salário líquido de 15.000 euros (+ 3.000 de impostos) durante toda a época, o que significa que a estância terá de gastar um total de 540.000 euros/ano no pagamento de salários.

Além disso, a estância também necessitará de um seguro para os teleféricos e para a manutenção do equipamento (como as máquinas de limpeza). O seguro custará 0,5% do investimento total em teleféricos de esqui (0,5% de 30 milhões de euros). O custo de manutenção das máquinas de limpeza será de 75% do investimento em máquinas de limpeza. Este custo será depois dividido por 20 para o distribuir pelos anos do projeto.

Por último, há ainda dois custos a considerar. O primeiro é o custo da produção de neve artificial. No Capex incluí os custos de construção da rede de máquinas de fazer neve, mas a produção de neve implica custos adicionais de água e eletricidade que devem ser considerados. O custo da produção de neve artificial ascenderá a 184400 euros por época. O último custo é o da eletricidade. Os teleféricos de esqui necessitam de eletricidade para funcionar, pelo que é fundamental ter em conta este custo. O cálculo deste custo é simples. Cada época tem um total de 1200 horas (os teleféricos funcionam 8 horas por dia e a época tem 150 dias). As cadeiras elevatórias consomem 3650 kW*h. Como o preço atual do kW*h é de 0,1232 €, o custo é simplesmente a multiplicação do preço do kW, do consumo do elevador e do número de horas da estação. Isto dá um custo de 542287 €. (Infografia)

4.1.6 Fonte e origem dos dados

O objetivo desta breve secção do documento é dar uma visão geral das principais variáveis que serão utilizadas nos nossos projectos. O quadro abaixo é apenas um resumo das principais informações do nosso projeto, incluindo as receitas totais, os custos de manutenção e as fontes. O Capex não foi incluído aqui porque já tinha sido incluído num quadro da secção anterior. As condições de financiamento serão incluídas numa tabela e explicadas em pormenor na secção seguinte (condições de financiamento).

Quadro 6 Fontes de dados e origens do projeto da estância de esqui.

Capacity of the Parking lot	8000 skiers/ day	**Revenues**	
Utilization of the parking lot high season	80 %	Season tickets price	2,500,000
Utilization of the parking lot low season	35 %	4 day tickets price	2,400,000
Depreciation Period	20	Daily tickets Price	10,338,000
Construction period	1	**Total revenues**	**15,238,000**
Lifespan	20	**Operations and maintenance cost**	
Tax rate	25 %	Lifts	750,000
Inflation rate	2 %	Snowmaking	184,800
Sources		equipment	112,500
Equity	14096822.33	Insurance	150,000
Project finance debt	32892585.44	Personnel expenses	270,000
Total sources	**46989407.77**	Electricity expenses	542,288
		Total costs	**2,009,588**

4.1.7 Financiamento

A estância será financiada através de project finance porque cumpre os requisitos para este tipo de financiamento. É possível pedir um empréstimo a um banco e ter a certeza de que o dinheiro investido nos elevadores será reembolsado ao longo do tempo com as receitas obtidas com a venda de bilhetes. O investimento exigirá o pedido de um empréstimo que representa 70% do montante total necessário. Os restantes 30 % serão fornecidos pelos investidores a título de capital. As margens durante a construção e a exploração serão de 2,15 e 2,65%, respetivamente. Isto representa a percentagem que o banco cobrará pelo financiamento da dívida do projeto. O empréstimo será reembolsado em 15 anos.

A compreensão do financiamento exige a explicação de três conceitos: as margens, o pagamento de juros e o reembolso da dívida. Relativamente ao primeiro ponto, as margens, a primeira coisa a ter em conta é a Euribor. Atualmente, a Euribor é bastante baixa, de 0,25%, mas prevê-se que suba a uma taxa de 0,1% todos os anos. É importante proteger-se contra um aumento da taxa Euribor e, neste projeto, a cobertura será feita através da compra de um swap de taxa de juro para cobrir 70% deste aumento. A margem durante a operação e a margem durante a construção serão simplesmente o resultado da adição da margem com o swap de IR à margem exigida que o banco cobrará. O banco oferecerá o swap a uma taxa fixa de 1,25 %. Para calcular a margem com o swap de taxa de juro, multipliquei 70 % pelo custo do swap IR (i,25%) e depois adicionei a parte que não está coberta pelo swap multiplicada pelo

Taxa Euribor. A título de exemplo, para o primeiro ano, esta taxa será de 2,15 + 0,95= 3,1% (esta é a margem durante a construção).

Relativamente ao pagamento da dívida e dos juros, estes são calculados da seguinte forma. Dado que a vida útil do projeto é de 20 anos, a dívida não pode ser paga em 20 anos; terá de ser paga em menos tempo. Por este motivo, vamos considerar 15 anos como o prazo de pagamento da estância de esqui. A quantidade de cada prestação será o montante do investimento inicial que será financiado (70% do Capex) dividido por 19, que é o número de anos durante os quais a dívida será paga. O pagamento de juros é o produto da média entre o saldo inicial e o saldo final (depois de pagar a dívida do ano) e a margem durante a operação.

A página de financiamento incluirá um elemento adicional, que é a DRSA. Trata-se de um montante adicional de dinheiro que o projeto deve manter em caso de condições desfavoráveis, como a falta de neve, um corte de energia devido a uma forte tempestade ou outros acontecimentos imprevisíveis. Esta reserva é calculada subtraindo os juros ao pagamento da dívida e multiplicando o resultado pela percentagem de reserva exigida. Para este projeto, será necessário um requisito de 50 % de DRSA. O quadro seguinte resume todas as condições de financiamento descritas nesta secção.

Quadro 7 Condições de financiamento da estância de esqui.

Structuring fee	2.5 %
Maximum leverage	70 %
Margin during construction	2.15%
Margin during operation	2.6%
Repayment period	15 years
Euribor Swap (as a %)	70 %
Euribor Swap (price)	1.25 %
Amortization option	Fixed
DSCR	1.7
Requirement DRSA	50 %
Cash sweep	0 %

A estância será construída num ano. Os elevadores terão uma vida útil prevista de 20 anos e o período de depreciação será de 20 anos. Após os 20 anos de vida útil, os elevadores tornar-se-ão obsoletos e perderão o seu valor. Após este período, terão de ser construídos novos elevadores, mas será então um novo projeto. O quadro seguinte apresenta os primeiros anos de financiamento do projeto.

Quadro 8 Financiamento da estância.

Year		1	2	3	4	5	6
Euribor		0.25%	0.35%	0.45%	0.55%	0.65%	0.75%
IR Swap	70%	1.25%	1.25%	1.25%	1.25%	1.25%	1.25%
Margin with IRS		0.9500%	0.9800%	1.0100%	1.0400%	1.0700%	1.1000%
Margin during construction	2.15%	3.10%					
Margin during Operation	2.65%		3.63%	3.66%	3.69%	3.72%	3.75%
Tipo de Amortización	fixed						
Préstamo Senior	32892585.4						
Year		1	2	3	4	5	6
Initial Balance		0	32892586.44	30543116.05	28193645.66	25844175.27	23494704.88
Withdrawal		32892585.4					
Repayment		0	-2349470	-2349470	-2349470	-2349470	-2349470
Cash Sweep		0					
Saldo Final		32892586.4	30543116.05	28193645.66	25844175.27	23494704.88	21145234.49
Fixed Payment							
Couta Fija		0.00%	7.14%	7.14%	7.14%	7.14%	7.14%
	-70016567.8						
Interest							
Interest		0.00	1,151,358.00	1,074,882.74	996,997.80	917,703.17	836,998.86
Capitalised Interest		1,019,670.16					
Structuring Fee		822,314.64					
DRSA							
Required Balnce		1750414.19	1712176.564	1673234.092	1633586.78	1593234.626	1552177.631
Initial Balance			1750414.194	1,712,176.56	1,673,234.09	1,633,586.78	1,593,234.63
Withdrawal		1750414.19	0.00	0	0	0	0
Endowment			-38,237.63	-38,942.47	-39,647.31	-40,352.15	-41,056.99
End Balance		1750414.19	1,712,176.56	1,673,234.09	1,633,586.78	1,593,234.63	1,552,177.63

4.2 Resultados esperados da exploração da estância

Esta secção do documento apresentará uma panorâmica dos principais resultados da exploração da estância de esqui. Incluirá todas as etapas utilizadas para o cálculo da estância: EBITDA, lucros e perdas, demonstração dos fluxos de caixa e taxa interna de rendibilidade. A secção incluirá os resultados e um breve comentário de cada um dos resultados.

4.2.1 EBITDA (Resultados antes de juros, impostos, depreciações e amortizações)

Esta secção tem dois objectivos. O primeiro objetivo consiste em explicar como foi calculado o EBITDA. O segundo objetivo é apresentar os resultados do EBITDA e fazer uma breve análise. A informação mais relevante para analisar a rentabilidade do projeto é o Valor Atual Líquido e a Taxa Interna de Rentabilidade, mas o EBITDA é a primeira fase para calcular o VAL ou a TIR.

O EBITDA é calculado tomando primeiro o valor dos lucros e subtraindo-lhe os custos. Durante o primeiro ano do projeto, o resultado não estará operacional, pelo que não haverá quaisquer receitas. O principal custo do primeiro ano será o CAPEX. Como mencionado na secção anterior, o CAPEX será composto pelo custo dos teleféricos de esqui, o custo das máquinas de limpeza e a instalação do equipamento de produção de neve artificial.

A estância só estará totalmente operacional no ano 8 (ano 7 de atividade). Não faria muito sentido assumir que a estância conseguirá atrair todos os clientes previstos no primeiro ano de atividade. Por este motivo, durante os primeiros três anos, a estância terá apenas 55% dos lucros de que beneficiará quando estiver a funcionar em pleno. Durante os três anos seguintes, a estância conseguirá atrair mais clientes, mas ainda não a totalidade. Por conseguinte, as receitas durante este período serão apenas 70 % do montante total. Todas estas percentagens foram incluídas no cálculo do EBITDA. A partir deste momento, as receitas provêm da venda de bilhetes de esqui, enquanto os custos provêm dos custos de manutenção dos teleféricos e do restante equipamento, do pagamento de salários aos empregados e da produção de neve artificial. O EBITDA mostrará a divisão entre as três modalidades de receitas (três tipos de bilhetes de esqui que serão vendidos), bem como os diferentes custos. Tanto os custos como as receitas serão actualizados todos os anos utilizando um indicador de inflação de 2 %.

Os resultados serão incluídos num quadro abaixo. Mostram um aumento constante e progressivo tanto dos custos como das receitas, sem qualquer queda ou aumento significativo. O quadro x apresenta o EBITDA para os primeiros 6 anos do projeto. O EBITDA completo será disponibilizado no primeiro quadro do primeiro anexo do presente documento. Como já foi referido, as receitas continuam a aumentar a uma taxa constante de 2 % por ano, porque o número de esquiadores se mantém constante durante a vida útil da estância. Um cenário em que o número de esquiadores não é constante (resultando em receitas e resultados EBITDA variáveis) será apresentado numa secção posterior.

Quadro 9 EBITDA dos primeiros 6 anos do projeto.

Year	Year 1	Year 2	Year 3	Year 4	Year 5	Year 6
CPI	2.0%	2.0%	2.0%	2.0%	2.0%	2.0%
Construction Variable	1	0	0	0	0	0
Operation Variable	0	1	1	1	1	1
		35% 3 años			70% 3 años	
revenues season tickets	2,500.00	1,275.00	1,300.50	1,326.51	1,932.14	1,970.78
revenues 4 day tickets	2,400.00	1,224.00	1,248.48	1,273.45	1,854.86	1,891.95
revenues daily tickets	10,338.00	5,272.38	5,377.83	5,485.38	7,989.79	8,149.59
	15,238.00	7,771.38	7,926.81	8,085.34	11,776.79	12,012.32
Cost						
lifts	750.00	765.00	780.30	795.91	811.82	828.06
snowmaking	184.80	188.50	192.27	196.11	200.03	204.03
equipment	112.50	114.75	117.05	119.39	121.77	124.21
Insurance Expenses	150.00	153.00	156.06	159.18	162.36	165.61
electricity	542.29	553.13	564.20	575.48	586.99	598.73
personnel	540.00	550.80	561.82	573.05	584.51	596.20
Total	2,279.59	2,325.18	2,371.68	2,419.12	2,467.50	2,516.85
EBITDA	0.00	5,446.20	5,555.12	5,666.23	9,309.29	9,495.47

4.2.2 Lucros e perdas

Os lucros e perdas são calculados primeiro subtraindo a depreciação do EBITDA (lucros antes de juros, impostos, depreciação e amortização) para obter o EBIT. A depreciação foi obtida dividindo o investimento CAPEX total pelo período de depreciação. O segundo passo no cálculo do P&L é a subtração dos juros do EBIT (resultados antes de juros e impostos) para obter o EBT (resultados antes de impostos). O passo final para obter o resultado do P&L é subtrair os impostos do EBT. Para este trabalho, será considerada uma taxa de imposto de 25%. Esta será a taxa de imposto para o cenário neutro. A análise de cenários que será realizada na secção seguinte terá em consideração outras taxas de imposto para a demonstração de resultados.

Os resultados serão incluídos num quadro abaixo. Mostram um aumento constante e progressivo tanto dos custos como das receitas, sem qualquer queda ou aumento significativo. O quadro x é

a conta de resultados para os primeiros 6 anos do projeto. A totalidade do P&L será disponibilizada no segundo quadro do primeiro anexo do presente documento.

Quadro 10 Lucros e perdas da estância de esqui

	Year 1	Year 2	Year 3	Year 4	Year 5	Year 6
Revenues	15,238.00	7,771.38	7,926.81	8,085.34	11,776.79	12,012.32
Operation Cost	2,279.59	2,325.18	2,371.68	2,419.12	2,467.50	2,516.85
EBITDA	0	5,446 €	5,555 €	5,666 €	9,309 €	9,495 €
Depreciation	2349.47	2349.47	2349.47	2349.47	2349.47	
EBIT		3,097 €	3,206 €	3,317 €	6,960 €	7,146 €
Financial Cost	0.00	1,151.36	1,074.88	997.00	917.70	837.00
EBT		1,945.37 €	2,130.77 €	2,319.76 €	6,042.12 €	6,309.01 €
Taxes		486.34 €	532.69 €	579.94 €	1,510.53 €	1,577.25 €
Results		1,459.03 €	1,598.08 €	1,739.82 €	4,531.59 €	4,731.75 €

4.2.3 Demonstração dos fluxos de caixa

Para efeitos do presente documento, o fluxo de caixa é a demonstração financeira mais importante. A razão para esta importância reside no facto de ser a única que inclui tanto os resultados do P&L como o investimento inicial ou Capex. O fluxo de caixa inclui não só o pagamento de juros, mas também a amortização da dívida. O fluxo de caixa é o que nos permite calcular a taxa interna de rentabilidade (TIR) e o valor atual líquido (VAL).

O cálculo do fluxo de caixa começa com o EBITDA, do qual são retirados o fundo de maneio médio, o DRSA, o CAPEX (apenas no primeiro ano) e os impostos para obter o fluxo de caixa livre. O passo seguinte é subtrair os juros e o pagamento da dívida para obter o fluxo de caixa livre após o pagamento da dívida. Nos anos de funcionamento, isto representa o dinheiro disponível para os acionistas. A partir desta quantidade, é possível calcular a TIR e o VAL.

O quadro seguinte mostra que, no primeiro ano, é necessário efetuar um investimento de cerca de 14 milhões de euros (os dados do quadro estão em milhares). Depois, nos primeiros cinco anos de atividade, os fluxos de caixa variam entre 8 milhões e 12 milhões no quinto ano. É importante recordar que a estância não estará a funcionar em pleno até ao ano 8 (ano 7 de exploração), pelo que os fluxos de caixa nos primeiros anos são significativamente inferiores aos dos anos posteriores. O fluxo de caixa completo será apresentado no anexo. Para o cenário neutro, a TIR apresenta um valor de 34%. A importância da TIR será analisada em pormenor na secção seguinte, a análise de sensibilidade.

Quadro 11 Demonstração dos fluxos de caixa da estância de esqui.

Cash Flows	Year1	Year 2	Year 3	Year 4	Year 5	Year 6
Revenues	15,238.00	8,548.52	8,719.49	8,893.88	11,776.79	12,012.32
Operation Cost	2,009.59	2,049.78	2,090.78	2,132.59	2,175.24	2,218.75
EBITDA	0.00	6,498.74	6,628.71	6,761.29	9,601.55	9,793.58
Awc						
DRSA Adjustmet	1,446.88	-26.88	-27.40	-27.92	-28.43	-28.95
Capex	46,989.41	0	0	0	0	0
Taxes		746.67 €	792.60 €	839.45 €	1,563.47 €	1,625.69 €
Free Cash Flow	-48,436.29	5,778.94 €	5,863.51 €	5,949.76 €	8,066.51 €	8,196.84 €
Financial Cost		1,162.58	1,108.83	1,054.03	998.20	941.33
Debt Payments/Withdrawal	32892.59	-1731.19	-1731.19	-1731.19	-1731.19	-1731.19
Free Cash Flow after paying the debt	15543.71	2,885.17 €	3,023.49 €	3,164.53 €	5,337.12 €	5,524.32 €
Cash sweep	0	0	0	0	0	0
Equity	14096.82233	0	0	0	0	0
Free Cash Flow before Dividends	0	2,885.17 €	3,023.49 €	3,164.53 €	5,337.12 €	5,524.32 €
Dividends	0	2,885.17 €	3,023.49 €	3,164.53 €	5,337.12 €	5,524.32 €
Shareholders Loan	0	0	0	0	0	0
Shareholders IRR	-14096.82233	2,885.17 €	3,023.49 €	3,164.53 €	5,337.12 €	5,524.32 €

5. Análise de sensibilidade

Esta secção do documento abordará cinco cenários diferentes para a estância. Haverá dois cenários pessimistas. O primeiro cenário pessimista terá taxas de ocupação do parque de estacionamento mais baixas (e, consequentemente, menos receitas), uma taxa de inflação mais baixa e uma taxa de imposto mais elevada. O segundo cenário pessimista utilizará o mesmo rácio de ocupação do parque de estacionamento, a mesma taxa de inflação e a mesma taxa de imposto, mas incluirá uma grande diferença: a existência de uma crise financeira que durará quatro anos. Durante esses quatro anos, o número de esquiadores diminuirá 20%. O terceiro cenário será o cenário descrito nas secções anteriores do documento (cenário neutro). O quarto cenário será o cenário otimista. Este cenário será o oposto do cenário pessimista. Responderá à questão de saber o que acontecerá à TIR se a inflação for superior ao previsto, os impostos forem inferiores ao previsto e as receitas superiores ao previsto devido ao facto de mais pessoas visitarem a estância. O cenário final será completamente diferente. O objetivo deste último caso é ter em consideração uma variável de incerteza: o clima. Abordará a questão do que acontecerá se as condições climatéricas forem suficientemente desfavoráveis para terem um impacto significativo na época de esqui. Sem neve suficiente, a duração da época e a distribuição dos dias da época alta e da época baixa serão alteradas.

5.1 Cenário pessimista.

5.1.1 Cenário normal pessimista

Neste cenário (e nos dois seguintes), o número de dias da época baixa e da época alta mantém-se constante em 114 e 36, respetivamente. As variáveis que se alteram são a taxa de imposto, a taxa de inflação e a taxa de ocupação do parque de estacionamento, tanto na época alta como na época baixa.

Para este cenário pessimista, considerei uma taxa de imposto de 30 % e uma taxa de inflação de 1,5 %. As taxas de ocupação para a época alta e para a época baixa são de 70 % e 20 %. O quadro seguinte apresenta o fluxo de tesouraria tendo em conta as novas condições.

Quadro 12 Demonstração do fluxo de caixa para o cenário normal e pessimista do empreendimento.

Cash Flows	Year 1	Year 2	Year 3	Year 4	Year 5	Year 6
Revenues	11,638.00	5,906.29	5,994.88	6,084.80	8,776.20	8,907.84
Operation Cost	2,279.59	2,313.78	2,348.49	2,383.72	2,419.47	2,455.76
EBITDA	0.00	3,592.50	3,646.39	3,701.09	6,356.73	6,452.08
Awc						
DRSA Adjustmet	1,750.41	-38.24	-38.94	-39.65	-40.35	-41.06
Capex	46,989.41	0	0	0	0	0
Taxes		27.50 €	66.61 €	106.39 €	926.87 €	979.68 €
Free Cash Flow	-48,739.82	3,603.24 €	3,618.72 €	3,634.35 €	5,470.22 €	5,513.45 €
Financial Cost		1,151.36	1,074.88	997.00	917.70	837.00
Debt Payments/Withdrawal	32892.59	-2349.47	-2349.47	-2349.47	-2349.47	-2349.47
Free Cash Flow after paying the debt	15847.24	102.41 €	194.37 €	287.88 €	2,203.04 €	2,326.99 €
Cash sweep	0	0	0	0	0	0
Equity	14096.82233	0	0	0	0	0
Free Cash Flow before Dividends	0	102.41 €	194.37 €	287.88 €	2,203.04 €	2,326.99 €
Dividends	0	102.41 €	194.37 €	287.88 €	2,203.04 €	2,326.99 €
Shareholders Loan	0	0	0	0	0	0
Shareholders IRR	-14096.82233	102.41 €	194.37 €	287.88 €	2,203.04 €	2,326.99 €

Como se pode ver neste quadro, os fluxos de caixa para os primeiros anos do investimento variam entre 0,102 e 2,326 milhões de euros. O investimento inicial necessário para construir o projeto não varia logicamente entre cenários, uma vez que estes não incluem uma alteração do CAPEX. A taxa interna obtida com este cenário é de 19%. Esta é a taxa de rentabilidade necessária para que o valor atual líquido seja igual a zero. Juntamente com o VAL, são os critérios mais utilizados para decidir se um projeto é viável e pode ser realizado. A TIR tem de ser superior a um determinado nível para aprovar o projeto. Neste caso, como a TIR é próxima de 20%. Este valor pode parecer baixo, mas trata-se de um cenário bastante negativo, pelo que uma TIR próxima de 20% não é suficientemente baixa para afirmar que o projeto não deve ser realizado.

5.1.2 Cenário pessimista com uma crise económica de 5 anos

Esta é uma variante do cenário pessimista. Analisarei este cenário partindo do princípio de que todas as variáveis anteriormente mencionadas se manterão inalteradas. Assim, a taxa de ocupação será de 70 % durante a época alta e de 20 % durante a época baixa; a taxa de imposto será de 30 % e a taxa de inflação de 1,5 %.

A principal diferença em relação ao cenário anterior será a existência de uma crise financeira durante um período de cinco anos que afectará o número de esquiadores que virão à nossa estância. Com menos dinheiro para gastar, esperamos que o número de esquiadores diminua em 20%. A crise durará 4 anos e terá início no ano 5 de funcionamento da estância e terminará no ano 8. Ao contrário de outros cenários, aqui é necessário incluir um quadro com dez anos de atividade para que seja possível ver os efeitos da crise na demonstração dos fluxos de caixa. No cenário pessimista normal, 384 000 esquiadores visitaram a estância, o que resultou em receitas de 10 270 000 euros. No novo cenário, o número de esquiadores diminui 20%, o que faz com que as receitas totais desçam para 7 966 000 euros ou 22,43%. Segue-se o fluxo de caixa da estância para os primeiros dez anos.

Quadro 13 Demonstração dos fluxos de caixa do cenário pessimista com crise económica (€)

Cash Flows	Year 1	Year 2	Year 3	Year 4	Year 5	Year 6	Year 7	Year 8	Year 9	Year 10
Revenues	11,638.00	5,906.29	5,994.88	6,084.80	8,776.20	8,907.84	9,041.46	13,110.12	13,306.77	13,506.37
Operation Cost	2,279.59	2,313.78	2,348.49	2,383.72	2,419.47	2,455.76	2,492.60	2,529.99	2,567.94	2,606.46
EBITDA	0.00	3,592.50	3,646.39	3,701.09	4,930.92	5,004.88	5,079.95	8,207.01	10,738.83	10,899.92
Awc										
DRSA Adjustmet	1,750.41	-38.24	-38.94	-39.65	-40.35	-41.06	-41.76	-42.47	-43.17	-43.88
Capex	46,989.41	0	0	0	0	0	0	0	0	0
Taxes		27.50 €	66.61 €	106.39 €	499.12 €	545.52 €	592.68 €	1,555.85 €	2,340.88 €	2,415.11 €
Free Cash Flow	-48,739.82	3,603.24 €	3,618.72 €	3,634.35 €	4,472.15 €	4,500.41 €	4,529.04 €	6,693.62 €	8,441.12 €	8,528.68 €
Financial Cost		1,151.36	1,074.88	997.00	917.70	837.00	754.88	671.36	586.43	500.08
Debt Payments/Withdrawal	32892.59	-2349.47	-2349.47	-2349.47	-2349.47	-2349.47	-2349.47	-2349.47	-2349.47	-2349.47
Free Cash Flow after paying the debt	15847.24	102.41 €	194.37 €	287.88 €	1,204.97 €	1,313.94 €	1,424.68 €	3,672.79 €	5,505.23 €	5,679.13 €
Cash sweep	0	0	0	0	0	0	0	0	0	0
Equity	14096.82233	0	0	0	0	0	0	0	0	0
Free Cash Flow before Dividends	0	102.41 €	194.37 €	287.88 €	1,204.97 €	1,313.94 €	1,424.68 €	3,672.79 €	5,505.23 €	5,679.13 €
Dividends	0	102.41 €	194.37 €	287.88 €	1,204.97 €	1,313.94 €	1,424.68 €	3,672.79 €	5,505.23 €	5,679.13 €
Shareholders Loan	0	0	0	0	0	0	0	0	0	0
Shareholders IRR	-14096.82233	102.41 €	194.37 €	287.88 €	1,204.97 €	1,313.94 €	1,424.68 €	3,672.79 €	5,505.23 €	5,679.13 €
NPV										
Tax Rate										

No quadro, é possível verificar que as receitas no ano 5 deverão atingir 1,204 milhões de euros. No último ano da crise, as receitas totalizarão 3,672 milhões de euros e no ano seguinte serão de 5,505 milhões de euros. A taxa interna de rendibilidade neste caso é de 17%, o que é suficientemente elevado para concluir que o investimento deve ser efectuado. Como este cenário pessimista não tem nenhum ano com fluxos de caixa negativos, o banco não tem nenhuma razão importante para rejeitar o nosso projeto, pelo que é muito provável que financie a estância.

5.2 Cenário neutro

O cenário neutro é o cenário normal com as condições acima descritas. A taxa de inflação é de 2 %, a taxa de imposto é de 25 % e as taxas de ocupação são de 80 % (época alta) e 35 % (época baixa). A TIR para este cenário é de 30%. Com esta TIR, é mais do que seguro afirmar que o projeto de construção da estância é rentável e deve ser realizado. O fluxo de caixa deste cenário já foi discutido, pelo que não o incluirei aqui

5.3 Cenário otimista

O cenário otimista apresenta condições ainda melhores do que o cenário neutro. Prevê-se que a taxa de ocupação do parque de estacionamento atinja 90 % durante os dias de época alta e 50 % durante os dias de época baixa. A taxa de inflação é de 2,5% e a taxa de imposto é de apenas 20%. O quadro seguinte apresenta o fluxo de caixa para este cenário específico.

Para este cenário otimista, os fluxos de tesouraria variam entre 3 milhões e 7 milhões. O valor obtido para a taxa interna de rendibilidade é de 41%. Trata-se de um valor incrivelmente elevado para uma TIR. Significa que, com taxas de ocupação do estacionamento de 45% durante a época baixa e 90% durante a época alta, obteríamos um nível de rentabilidade muito elevado neste projeto.

Quadro 14: demonstração do fluxo de caixa para o cenário otimista do empreendimento.

Cash Flows						
Revenues	18,838.00	9,654.48	9,895.84	10,143.2 3	14,919.43	15,292.41
Operation Cost	2,279.59	2,336.58	2,394.99	2,454.87	2,516.24	2,579.14
EBITDA	0.00	7,317.90	7,500.84	7,688.37	12,403.19	12,713.27
Awc						
DRSA Adjustmet	1,750.41	-38.24	-38.94	-39.65	-40.35	-41.06
Capex	46,989.41	0	0	0	0	0
Taxes		763.41 €	815.30 €	868.38 €	1,827.20 €	1,905.36 €
Free Cash Flow	-48,739.82	6,592.72 €	6,724.49 €	6,859.63 €	10,616.34 €	10,848.97 €
Financial Cost		1,151.36	1,074.88	997.00	917.70	837.00
Debt Payments/Withdr awal	32892.59	-2349.47	-2349.47	-2349.47	-2349.47	-2349.47
Free Cash Flow after paying the debt	15847.24	3,091.89 €	3,300.14 €	3,513.17 €	7,349.16 €	7,662.50 €
Cash sweep	0	0	0	0	0	0
Equity	14096.822 33	0	0	0	0	0
Free Cash Flow before Dividends	0	3,091.89 €	3,300.14 €	3,513.17 €	7,349.16 €	7,662.50 €
Dividends	0	3,091.89 €	3,300.14 €	3,513.17 €	7,349.16 €	7,662.50 €
Shareholders Loan	0	0	0	0	0	0
Shareholders IRR	- 14096.822 33	3,091.89 €	3,300.14 €	3,513.17 €	7,349.16 €	7,662.50 €

5.4 Cenário de incerteza: falta de neve

Este cenário não é normalmente analisado numa análise de sensibilidade, mas quero ver o que aconteceria à rendibilidade da estância se as condições fossem muito desfavoráveis. Vou considerar aqui um cenário muito pessimista, pior do que o cenário pessimista anterior analisado acima. Vamos supor que a nossa estância, durante os próximos 20 anos, tem 8 anos muito maus com uma disponibilidade de neve muito limitada. A falta de neve reduzirá consideravelmente o número de dias da época para 120. Isto equivale a reduzir as receitas em 22%. Além disso, os dias que serão perdidos serão o início da época e o período de férias da Páscoa. Isto inclui tanto os dias de época alta como os dias de época baixa, pelo que esta diminuição terá um impacto significativo nas receitas da estância. As taxas de ocupação que serão consideradas neste cenário serão as do cenário pessimista (20 % para a época baixa e 70 % para a época alta).

Na realidade, os anos de falta de neve são misturados com anos de neve abundante. Não faz muito sentido acumular todos os anos maus, quer no início da vida útil da estância, quer no fim da vida útil da estância. Por esta razão, vou considerar que os anos de pouca neve serão distribuídos ao longo da vida útil da nossa estância. Os anos 3, 5, 6, 8, 11, 12, 15 e 16 serão anos de falta de neve. Os restantes 12 anos terão condições normais de neve. O número de passes de esqui para a época e o número de passes de 4 dias vendidos manter-se-ão inalterados. O número de passes diários diminuirá obviamente, uma vez que a época é agora mais curta. O quadro seguinte apresenta os fluxos de caixa para este cenário específico.

Quadro 15 Demonstração do fluxo de caixa para o cenário de incerteza do empreendimento

Cash Flows						
Revenues	11,638.00	5,906.29	5,994.88	6,084.80	8,776.20	8,907.84
Operation Cost	2,279.59	2,313.78	2,348.49	2,383.72	2,419.47	2,455.76
EBITDA	0.00	3,592.50	2,844.18	3,701.09	4,958.25	5,032.62
Awc						
DRSA Adjustmet	1,750.41	-38.24	-38.94	-39.65	-40.35	-41.06
Capex	46,989.41	0	0	0	0	0
Taxes		27.50 €	-174.05 €	106.39 €	507.32 €	553.85 €
Free Cash Flow	-48,739.82	3,603.24 €	3,057.18 €	3,634.35 €	4,491.28 €	4,519.83 €
Financial Cost		1,151.36	1,074.88	997.00	917.70	837.00
Debt Payments/Withdrawal	32892.59	-2349.47	-2349.47	-2349.47	-2349.47	-2349.47
Free Cash Flow after paying the debt	15847.24	102.41 €	-367.18 €	287.88 €	1,224.11 €	1,333.36 €
Cash sweep	0	0	0	0	0	0
Equity	14096.82233	0	0	0	0	0
Free Cash Flow before Dividends	0	102.41 €	-367.18 €	287.88 €	1,224.11 €	1,333.36 €
Dividends	0	102.41 €	-367.18 €	287.88 €	1,224.11 €	1,333.36 €
Shareholders Loan	0	0	0	0	0	0
Shareholders IRR	-14096.82233	102.41 €	-367.18 €	287.88 €	1,224.11 €	1,333.36 €

Este quadro mostra que a adoção destes pressupostos pessimistas terá como resultado um fluxo de caixa negativo no ano 3. A principal razão é o facto de estarmos a partir do pressuposto de que, durante os primeiros três anos de funcionamento, a nossa estância terá apenas 50 % das receitas. Se aplicarmos outra redução de 22% a este valor, não é de estranhar que o fluxo de caixa seja negativo nesse ano. Bancos Ter um fluxo de caixa negativo num ano não é algo que os bancos normalmente gostem, porque isso significa que durante um ano o nosso projeto será incapaz de reembolsar o montante total da dívida. No entanto, neste caso em particular, o banco verá com os números que o projeto é sólido e que o fluxo de caixa negativo se deve mais ao pressuposto realista e algo pessimista em relação às receitas anteriormente mencionadas. Este cenário dá um valor da TIR de 17%. Apesar de 17% ser inferior ao valor obtido no cenário normal, é ainda suficientemente elevado para concluir que o projeto deve ser realizado. Existe uma elevada probabilidade de a estância ser construída. De seguida, incluo os cinco anos seguintes do fluxo de caixa para que seja possível verificar que o fluxo de caixa continua a ser positivo. Tal como noutros casos, o quadro completo do fluxo de caixa do cenário de incerteza será apresentado em anexo.

Quadro 16. Cenário de incerteza dos fluxos de caixa (continuação)

Cash Flows	Year 7	Year 8	Year 9	Year 10	
Revenues	9,041.46	13,110.12	13,306.77	13,506.37	
Operation Cost	2,492.60	2,529.99	2,567.94	2,606.46	
EBITDA	6,548.86	8,252.50	10,738.83	10,899.92	
Awc					
DRSA Adjustmet	-41.76	-42.47	-43.17	-43.88	
Capex	0	0	0	0	
Taxes	1,033.35 €	1,569.50 €	2,340.88 €	2,415.11 €	
Free Cash Flow	5,557.27 €	6,725.47 €	8,441.12 €	8,528.68 €	
Financial Cost	754.88	671.36	586.43	500.08	
Debt Payments/Withdrawal	-2349.47	-2349.47	-2349.47	-2349.47	
Free Cash Flow after paying the debt	2,452.92 €	3,704.64 €	5,505.23 €	5,679.13 €	
Cash sweep	0	0	0	0	
Equity	0	0	0	0	
Free Cash Flow before Dividends	2,452.92 €	3,704.64 €	5,505.23 €	5,679.13 €	
Dividends	2,452.92 €	3,704.64 €	5,505.23 €	5,679.13 €	
Shareholders Loan	0	0	0	0	
Shareholders IRR	2,452.92 €	3,704.64 €	5,505.23 €	5,679.13 €	

6. Conclusão

O objetivo deste trabalho é estudar a rentabilidade da construção de uma estância de esqui numa região dos Pirinéus franceses muito próxima de Andorra. O trabalho apresenta uma análise exaustiva das condições necessárias para ter uma estância rentável, bem como a localização da estância e uma descrição da mesma. Incluiu o cálculo das principais demonstrações financeiras que são necessárias para calcular o valor da TIR (o EBITDA, as condições de financiamento, o P&L e os fluxos de caixa).

Neste trabalho, efectuei também uma análise de sensibilidade para estudar a variação de todas as demonstrações financeiras face a uma alteração de condições como a taxa de inflação, uma diminuição do número de esquiadores durante um período de 4 anos devido a uma crise financeira ou a taxa de ocupação do parque de estacionamento (algo que tem um impacto direto nas receitas da estância). Por último, analisei o que aconteceria se houvesse uma mudança drástica nas condições de neve da região que reduzisse a duração da época de esqui e a proporção de dias de época alta e época baixa. O objetivo era, como já referi, verificar em cada caso se o investimento era plausível através do cálculo da TIR. Também era importante garantir que nenhum ano tivesse um fluxo de caixa negativo, para não correr o risco de o financiamento ser rejeitado pelo banco.

Depois de efectuada a análise, é possível concluir que, a menos que existam condições muito desfavoráveis, o investimento vale a pena. O valor da taxa interna de rentabilidade varia entre 17% no cenário pessimista e 37% no cenário otimista. Em todos os casos, a TIR é suficientemente elevada para se concluir que é seguro construir a estância de esqui, uma vez que se obterá um nível de rendibilidade satisfatório. Além disso, a maioria dos cenários não apresenta um único ano de fluxos de caixa negativos. A única exceção é o cenário de incerteza sobre o que acontecerá se houver falta de neve que reduza a duração da época para 120 dias. Este cenário específico apresenta um ano com um fluxo de caixa negativo. No entanto, o banco analisará o projeto como um todo e é muito improvável que se recuse a financiá-lo apenas por esta razão. Em geral, do estudo realizado, é possível afirmar que o projeto deve receber luz verde e que é muito provável que seja rentável. Apenas um cenário muito adverso, em que mais de metade dos anos tenha uma falta significativa de neve, poderia tornar o investimento indesejável, mas a probabilidade de isso acontecer é muito baixa.

Futuras linhas de investigação e futuros cursos de ação que possam melhorar a estância.

Realizei um estudo alargado da rentabilidade, mas ainda há espaço para investigar mais sobre este assunto. Em primeiro lugar, relativamente à análise anterior do projeto, é possível investigar mais sobre o impacto que a construção de uma estância de esqui tem no ambiente. Mencionei no documento que a nossa estância tentará perturbar o menos possível o ambiente, construindo apenas os edifícios estritamente necessários para o correto funcionamento da estância, mas é possível efetuar uma análise ambiental mais aprofundada. Os especialistas em ambiente poderiam analisar, por exemplo, o efeito que a estância poderia ter na migração das aves da zona ou o efeito negativo dos resíduos gerados pela estância se não forem corretamente tratados.

Relativamente aos cálculos, é possível analisar muitas variações da análise de cenários.

No entanto, não é provável que a conclusão geral de que o projeto é rentável se altere, a menos que se tenha em conta um cenário muito desfavorável em que a duração da estação de esqui seja reduzida em mais de 30 dias durante mais de metade da vida útil da estância (algo pouco provável de acontecer).

Para além de estudar possíveis linhas de ação futuras, é também importante analisar se existe algum potencial para melhorar a estância. Uma vez que a nossa estância estará localizada no meio das estâncias de Porte Puymorens e Grandvalira, uma possível sugestão poderia ser formar uma aliança com Grandvalira para explorar ambas as estâncias em conjunto.

É evidente que a situação da estação de Porte des Neiges exigirá acordos de exploração com a sociedade que explora Grand Valira, o município de Porta e a sua comuna, bem como com o departamento francês de que depende nos Pirinéus Orientais.

É importante salientar que o número de passes de esqui vendidos na atual estância de Porte - Puymorens é superior a 100.000. Todos eles seriam automaticamente clientes da nova estância. Assim, as alianças são boas e podem ajudar o funcionamento da estância e melhorar o seu nível de rentabilidade, pelo que devem ser consideradas.

RECONHECIMENTO

Este trabalho é uma versão actualizada da tese de mestrado do autor, apresentada em cumprimento parcial do Mestrado em Finanças da Universidade Pontifícia de Comillas (ICADE). Gostaria de exprimir a minha gratidão ao Prof. Ramon Cidon pela sua excecional supervisão, bem como pelos seus conhecimentos úteis e pela sua cuidadosa revisão. Agradeço também os comentários e sugestões úteis de professores e colegas.

Referências

Memórias anuais dos "Ferrocarrils de la Generalitat a Catalunya"

Agência noticiosa Europa Press (2015)

http://www.europapress.es/esandalucia/granada/noticia-cetursa-sierra-nevada-cerro-2015-beneficio-neto-26-millones-euros-20160331192334.html

Falk, M. (2009). Os conglomerados de estâncias de esqui multi-resort são mais eficientes? Managerial and Decision Economics, 30(8), 529-538. https:/doi.org/10.1002/mde.l470

Falk, M. (2010). A dynamic panel data analysis of snow depth and winter tourism. Tourism Management, 31(6), 912-924. https:/doi.org/10.1016/j.tourman.2009.11.010

Gerbaux, F., & Marcelpoil, E. (2006). Gouvemance des stations de montagne en

France: Les specificites du partenariat public-prive. La Revue de Geographic Alpine, 94(1), 9-19. https:/doi.org/10.3406/rga.2006.2380

Google Maps

Google Earth

Marc, Pons (2012). Influencia del cambio climatico en el turismo de nieve del Pirineo (influência das alterações climáticas no turismo de neve nos Pirinéus).

https://www.researchgate.net/profile/Marc_Pons2/publication/267211539_Influencia_del_cambio_climatico_en_el_turismo_de_nieve_del_Pirineo_Experiencia_del_proyecto_de_investigação_NIVOPYR/links/5447e62b0cf2f14fb8140912.pdf

Nevasport 2017. http://www.nevasport.com/reportajes/art/39857/Las-estaciones-de-esqui-a-veces-tambien-son-empresas-pero-solo-a-veces/

Abrir mapa de neve http://www.opensnowmap.org

Projeto de pavimentação ELCHE. http://tramitarahora.ajuntamentdelx.es/CONTRATACIONYSERVICIOS/PROYECTOS/caminos%20rurales%20en%20zahorras%20y%20asfalto/proyecto-ZNortel.pdf

Sanchez Pulido, Laura. Sostenibilidad economica y situación financiera de las estaciones de esqui alpino del Pirineo Catalan. http://www.redalyc.org/pdf7549/54948501007.pdf

Scott, D., McBoyle, G., Mills, B. (2003). Alterações climáticas e a indústria do esqui no sul de Ontário (Canadá): Explorando a importância da produção de neve como uma adaptação técnica. Climate Research, 23,171-181. https:/doi.org/10.3354/cr023171

Scott, D., McBoyle, G., & Minogue, A. (2007). Climate change and Quebec's ski industry. Global Environmental Change, 17(2), 181-190. https:/doi.org/l 0.1016/j .gloenvcha.2006.05.004

Steiger, R. (2010). The impact of climate change on ski season length and snowmaking requirements in Tyrol, Austria [O impacto das alterações climáticas na duração da época de esqui e nos requisitos de produção de neve no Tirol, Áustria]. Climate Research, 43(3), 251-262. https:/doi.org/10.3354/cr00941

Steiger, R. (2011). O impacto da escassez de neve no turismo de esqui: An analysis of the record warm season 2006/2007 in Tyrol (Austria). Tourism Review, 66(3), 4-13. https:/doi.org/l 0.1108/16605371111175285

Steiger, R., & Abegg, B. (2013). The sensitivity of Austrian Ski areas to climate change. Turismo, Planeamento e Desenvolvimento, 10(4), 480-

493.
https:/doi.org/l 0.1080/21568316.2013.804431

Skipass março de 2016

Uhlmann, B., Goyette, S., & Beniston, M. (2009). Análise da sensibilidade dos padrões de neve nas estâncias de esqui suíças às mudanças de temperatura, precipitação e humidade em condições de alterações climáticas. International Journal of Climatology, 29(8), 1048-1055. https:/doi.org/l 0.1002/joc. 1786

OMT (Organização Mundial do Turismo) (2008). Alterações climáticas e turismo. Responder aos desafios globais. Madrid, (pp. 269). Disponível online em: http://sdt.unwto.org/sites/all/files/docpdl7climate2008.pdf. (Fecha ultima consulta: 3 de febrero, 2016).

http ://www.intangiblecapital.org/index.php/ic/article/view/823/590

http://www.bioone.org/doi/pdi710.1659/mrd.0978

páginas web de estâncias turísticas

http://weloveski.intersport-rent.1T/2014/03/infographie-prix-forfait-ski/

MIX
Papier aus verantwortungsvollen Quellen
Paper from responsible sources
FSC® C105338

Printed by Books on Demand GmbH, Norderstedt / Germany